토익 실전 연습   Week **24**

Part 1

QR코드 하나를
가리고 찍으면 편해요!

▲ MP3 바로듣기 ▲ 강의 바로보기

1.

2.

3.

4.

5.

6.

Part 2

7. Mark your answer.   (A) (B) (C)

8. Mark your answer.   (A) (B) (C)

9. Mark your answer.   (A) (B) (C)

10. Mark your answer.   (A) (B) (C)

11. Mark your answer.   (A) (B) (C)

12. Mark your answer.   (A) (B) (C)

13. Mark your answer.   (A) (B) (C)

14. Mark your answer.   (A) (B) (C)

15. Mark your answer.   (A) (B) (C)

16. Mark your answer.   (A) (B) (C)

17. Mark your answer.   (A) (B) (C)

18. Mark your answer.   (A) (B) (C)

19. Mark your answer.   (A) (B) (C)

20. Mark your answer.   (A) (B) (C)

21. Mark your answer.   (A) (B) (C)

22. Mark your answer.   (A) (B) (C)

23. Mark your answer.   (A) (B) (C)

24. Mark your answer.   (A) (B) (C)

25. Mark your answer.   (A) (B) (C)

26. Mark your answer.   (A) (B) (C)

1. 고난도 문제 1_동작과 상태의 혼동 Part 1

많은 수험자들이 동작과 상태의 혼동을 노린 오답 함정에 빠지곤 합니다. 차분히 생각하면 헷갈릴 일이 없지만, 지나치게 긴장하거나 당황하면 순간적으로 혼동해 실수하기 쉬우므로 주의해야 합니다.

(A) Items are being placed on the shelves.
(B) A woman is pushing a shopping cart.
(C) A woman is putting groceries in a cart.
(D) Shopping baskets are piled in a corner.

(A) 물건들이 선반에 놓이고 있다.
(B) **여자가 쇼핑 카트를 밀고 있다.**
(C) 여자가 카트에 식료품들을 넣고 있다.
(D) 쇼핑 바구니들이 구석에 쌓여 있다.

> **TIP** 동작과 상태 빈출 함정
>
> • 모자를 착용한 상태인(wearing a hat) 사진에서 putting on a hat(모자를 쓰는 중이다)이라고 묘사하는 것은 오답.
> • 자켓을 입고 있지 않은 사진에서 taking off a jacket(자켓을 벗는 중이다)라고 묘사하는 것은 오답.
> • 테이블이 이미 깨끗하게 치워져 있는 상태인 사진에서 The table is being cleared(테이블이 치워지고 있다)라고 묘사하는 것은 오답.
> • 박스가 이미 쌓여 있는 사진에서 The boxes are being stacked(박스들이 쌓이고 있다)라고 묘사하는 것은 오답.
> • 도로에 차선이 그려져 있는 사진에서 Lines are being painted(차선이 칠해지고 있다)라고 묘사하는 것은 오답.

2. 고난도 문제 2_구석에 위치한 사물 묘사 Part 1

인물 중심의 사진이지만 자칫 쉽게 지나칠 수 있는 구석에 위치한 사물을 묘사한 문장이 정답이 되는 경우입니다. 사진을 파악할 때 중심이 되는 장면 뿐만 아니라 구석구석에 위치한 사물까지 확인해야 합니다.

(A) A man is sweeping the floor.
(B) Cleaning supplies are propped against the boxes.
(C) A woman is reaching for an item on the shelf.
(D) They are painting the wall.

(A) 남자가 바닥을 쓸고 있다.
(B) **청소 도구들이 박스들에 기대어져 있다.**
(C) 여자가 선반의 물건에 손을 뻗고 있다.
(D) 사람들이 벽을 칠하고 있다.

3. 허를 찌르는 의외의 응답 [Part 2]

황당할 정도로 의외의 응답을 하는 경우가 Part 2에서 종종 출제되는데, 이러한 유형의 문제가 몇 개 나오는지에 따라 Part 2의 난이도가 결정됩니다. 언제라도 아주 뜻밖의 답변이 나올 수 있다는 마음의 준비를 하고, 최대한 오답 소거 방식으로 문제를 풀어야 합니다. 아래 나온 질문-답변을 큰 소리로 읽으며 의외의 응답 유형에 대비해 보세요.

❶ **Q.** How do you like this design for the brochures?   브로셔에 쓸 이 디자인 어때요?
    A. Are there any other options?   다른 선택 사항도 있나요?

❷ **Q.** How long does it take to reach the baseball stadium?   야구장까지 얼마나 걸리나요?
    A. I don't live in this area.   전 이 지역에 살지 않습니다.

❸ **Q.** Who's the new city mayor?   신임 시장이 누구죠?
    A. The election is next week.   선거는 다음 주에 있어요.

❹ **Q.** What news articles are you going to put on the front page?   첫 페이지에 어떤 기사들을 실을 건가요?
    A. That's the editor's decision.   그건 편집장이 결정해요.

❺ **Q.** Why are the staff members coming in early?   직원들이 왜 일찍 오죠?
    A. Didn't you hear about the training workshop?   교육 워크숍에 대해 못 들으셨어요?

❻ **Q.** Did you register for the conference?   컨퍼런스에 등록하셨어요?
    A. I thought it was canceled.   그거 취소된 줄 알았는데요.

❼ **Q.** Did you rent a car for your business trip yet?   혹시 출장에 쓸 차량을 렌트했나요?
    A. My priority right now is the accommodation.   지금 저의 최우선 순위는 숙소예요.

❽ **Q.** Why did Ms. Potter leave the company?   포터 씨는 왜 회사를 떠났죠?
    A. Actually, she just transferred to another branch.   사실 그냥 다른 지점으로 가신 거예요.

❾ **Q.** Have we made more sales this month than last month?   우리가 지난달보다 이달에 매출을 더 많이 올렸나요?
    A. I wasn't in the sales team last month.   제가 지난달엔 영업팀에 없었어요.

❿ **Q.** Wouldn't it be great if we could finish this work early?   이 일을 일찍 끝내면 정말 좋을 것 같지 않나요?
    A. There's not much left to do.   할 일이 별로 안 남았어요.

Part 3

▲ MP3 바로듣기　　▲ 강의 바로보기

1. Where does the man work?

(A) At a restaurant
(B) At a radio station
(C) At a dry cleaner
(D) At a grocery store

2. What is the woman concerned about?

(A) A service cost
(B) A delivery time
(C) A membership fee
(D) A seating capacity

3. What will the man most likely do next?

(A) Transfer the call
(B) Speak with a manager
(C) Refund a purchase
(D) Check an inventory

4. Who most likely is the man?

(A) A tour guide
(B) An art critic
(C) A store clerk
(D) A painter

5. Where did the woman get the man's contact information?

(A) From an article
(B) From a brochure
(C) From a Web site
(D) From a friend

6. According to the man, what is the problem with the largest artwork?

(A) It has been damaged.
(B) It is too heavy to hang.
(C) It is no longer available.
(D) Its price has increased.

Choco Banana Smoothie

2 frozen bananas
1/2 cup Greek yogurt
1 cup unsweetened milk
2 teaspoons cocoa powder
1/2 teaspoon vanilla extract

---

7. What will happen at the business in April?

(A) A menu will be expanded.
(B) A smoothie recipe will be changed.
(C) A new location will be opened.
(D) A promotional event will be held.

8. Look at the graphic. Which amount did the man change?

(A) 1/2 cup
(B) 1 cup
(C) 2 teaspoons
(D) 1/2 teaspoon

9. What does the woman suggest?

(A) Ordering more ingredients
(B) Getting customer feedback
(C) Adjusting some menu prices
(D) Consulting with a supervisor

Part 4

10. What is the speaker mainly discussing?

(A) A training workshop
(B) A staff reward system
(C) A store's annual sale
(D) A company merger

11. What will the listeners be selling?

(A) Mobile phones
(B) Home appliances
(C) Computer accessories
(D) Television services

12. What will happen in January?

(A) A business will be relocated.
(B) New employees will begin work.
(C) New products will be launched.
(D) Bonuses will be awarded to employees.

---

13. Who most likely are the listeners?

(A) Historical researchers
(B) Town officials
(C) Market vendors
(D) Tour group members

14. What does the speaker imply when she says, "That's why I'm here"?

(A) She is asking the listeners to stay in a group.
(B) She is happy to answer the listeners' questions.
(C) She is encouraging the listeners to follow her.
(D) She hopes the listeners will stop by again in the future.

15. According to the speaker, why is there a delay?

(A) The weather is bad.
(B) A restaurant is overbooked.
(C) A street is closed to visitors.
(D) Some people haven't arrived yet.

Napoli's Italian Restaurant

"A real Taste of Italy"

15% off (Groups of 20 or less)
- Private dining rooms available for 3 hours

Expiration date: January 15
Usable at all locations

---

16. Why is the event being held?

(A) To release a product
(B) To welcome new employees
(C) To award outstanding individuals
(D) To celebrate an anniversary

17. Look at the graphic. Why is the speaker unable to use the coupon for the event?

(A) The event will take place at another location.
(B) The event will have too many people in attendance.
(C) The event will last too long.
(D) The event will take place after the expiration date.

18. What does the speaker ask the listener to do?

(A) Send some photos
(B) Distribute menus
(C) Purchase supplies
(D) Update a list

DAY 02

Part 3, 4 실전 연습

700+ 기출 Point

 1. 시각자료_쿠폰, 티켓 Part 3,4

쿠폰이나 티켓을 처음 접하면 어디부터 봐야 할지 몰라 당황하기 쉬운데, 한 번 익혀 두면 그 다음부터는 어렵지 않습니다. 쿠폰의 경우 유효기간과 혜택을 꼭 확인하세요!

Dinner Delights

10% off (Groups of 15+)
Book Rooms for 3 hours!

Expires:
August 1

Offer good at
all locations

이렇게 파악해요!

디너 딜라이츠라는 곳의 쿠폰이네.
15명 이상 단체에겐 10% 할인해준다고 하는군.
3시간 이용 가능한 룸을 예약할 수 있고,
유효기간(Expires)이 8월 1일까지,
모든 지점(all locations)에서 쓸 수(good) 있군.

AceBlue Airlines

Michael Fishman

Mexico City → Dallas   Seat: 22B

AA032	Gate	Boarding Time	Boarding Group
MEX → DFW	46	7:55 A.M.	C
Fri, May 17			

이렇게 파악해요!

비행기 티켓이네.
탑승자 이름은 Michael Fishman,
멕시코 시티에서 댈러스 가는
티켓이고, 좌석 번호는 22B,
출발 날짜는 5/17 금요일,
탑승 시간이 7:55이니 그때까지
46번 게이트에 가야 하겠군.

필수 어휘

- **expire** 만기되다
- **valid[good] until + 날짜:** ~까지 유효한
- **expiration date** 유효기간
- **subscription** 구독
- **location** 지점
- **off** 할인되어
- **discount** 할인
- **refund** 환불

- **voucher** 상품권(= gift certificate)
- **gate** (공항의) 탑승구
- **seat** 좌석
- **flight** 비행편
- **member** 회원
- **nonmember** 비회원
- **ticket holder** 티켓 소지자
- **save** 절약

2. 제시된 상황을 요약하는 Paraphrasing Part 3, 4

대화/담화에 나온 상황을 종합하여 요약 설명하는 보기를 재빨리 찾아낼 수 있어야 하는 어려운 유형입니다. 어휘력만 좋다고 풀 수 있는 문제가 아니라 시험에 잘 나오는 paraphrasing 유형들을 충분히 연습해야만 자신 있게 정답을 고를 수 있어요.

M: I was **planning on attending the marketing seminar** this Friday, but the manager **asked me to do a presentation at the board meeting that day.**

W: Too bad. You've been looking forward to the seminar so much.

Q. What is the man's problem?
→ **He has a scheduling conflict.**

 꿀팁

마케팅 세미나에 갈 생각이었는데 바로 그 날 프레젠테이션을 하게 된 상황, 즉 두 개의 일정이 겹친 상황을 '일정상의 충돌이 있다(has a scheduling conflict'라고 한 마디로 표현했습니다.

남: 이번 주 금요일 마케팅 세미나에 참석하려고 했는데 과장님께서 그날 이사회 때 발표를 하라고 하시네요.
여: 안됐군요. 그 세미나를 엄청 기다려왔잖아요.

Q. 남자의 문제는 무엇인가?
→ 일정상의 충돌이 있다.

어휘   attend ~에 참석하다 do a presentation 발표하다 look forward to + (동)명사: ~을 기다려오다, 고대하다
scheduling conflict 일정상의 충돌

Hello, Mr. Smith. **I'm calling** from the Laverton Library **to let you know that the book you've requested,** *Mysteries of the World*, **has been returned** and you can **check it out now.**

Q. Why does the speaker call the listener?
→ To notify him that a book is available

 꿀팁

요청했던 책이 반납되어 이제 대출이 가능하다는 사실을 알려주고자 전화했다는 말을 한마디로 표현한 것을 선택할 수 있어야 합니다. 단어 하나하나를 들어서 맞히려 하기보다는 전체적인 상황을 이해해서 풀어야 해요.

안녕하세요, 스미스 씨. 귀하께서 요청하신 책 <세계의 미스터리>가 반납되었고 이것을 이제 대출하실 수 있다는 것을 알려드리기 위해 레버튼 도서관에서 전화 드립니다.

Q. 화자는 왜 청자에게 전화하는가?
→ 책이 이용 가능하다는 것을 알리기 위해

어휘   let A know: A에게 ~을 알려주다 request ~을 요청하다 return ~을 반납하다 check out ~을 대출하다 notify
A that: A에게 ~라는 것을 알리다

▲ 강의 바로보기

Part 5

1. Southern Asia Airlines apologized to passengers for the one-hour delay of the scheduled flight and for any ------- caused.

(A) inconvenience
(B) inconvenient
(C) inconveniently
(D) inconvenienced

2. All attendees are advised to be ------- of others by turning off their mobile phones during the performance.

(A) considerate
(B) consideration
(C) considerably
(D) considerable

3. The computer has been upgraded, and the -------- may now use the new 3-D drawing program.

(A) employs
(B) employees
(C) employment
(D) employ

4. ------- of the employees who attended the industrial engineering conference felt that it was helpful.

(A) None
(B) Whoever
(C) Anyone
(D) Nobody

5. Staff members should forward queries about the recently announced branch closure ------- to our personnel manager, Ms. Hilda Gustavsson.

(A) precisely
(B) tentatively
(C) directly
(D) uniquely

6. Mr. Ramirez, the head consultant, is responsible for ------- the communication skills workshop and networking events.

(A) organize
(B) organization
(C) organizing
(D) organized

7. By the time Ms. Rushden begins her new management role at headquarters, the personnel team ------- a new office for her.

(A) prepared
(B) preparing
(C) had prepared
(D) will have prepared

8. Patients' medical notes ------- by the physician include confidential information that should not be disclosed to anyone.

(A) record
(B) recorded
(C) recording
(D) records

9. Mr. Bentley will provide two weeks of training and support to ------- replaces him as payroll manager next month.

(A) whoever
(B) whichever
(C) whenever
(D) wherever

10. Only musicians aged between 8 and 15 are ------- to enter the music competition at the town fair.

(A) accessible
(B) variable
(C) capable
(D) eligible

11. We have received your estimate request, ------- we are unable to process it without a signature.

(A) while
(B) after
(C) then
(D) but

12. ------- Five-Star Catering is known for its high-quality food, several of the firm's recent clients have been dissatisfied with the dishes provided.

(A) Because
(B) However
(C) As if
(D) While

13. The feedback shows ------- almost every subscriber to the monthly economics magazine finds its new layout confusing.

(A) that
(B) what
(C) those
(D) whose

14. All teaching contracts at the university must be signed and returned to the dean's office ------- 5 business days.

(A) until
(B) by
(C) within
(D) now that

15. ------- the reduction of the budget, healthcare is still available to all low-income residents of Australia.

(A) Whether
(B) Thus
(C) Either
(D) Despite

16. Regular bus service in Wetherby will not resume ------- all of the roads have been cleared of snow.

(A) prior
(B) with
(C) until
(D) even

Part 6

Questions 17-20 refer to the following memo.

To: Vijay Sharma
From: Shaylynne Meeks
Date: January 7

Hi Vijay

I just heard about your upcoming -------. I realize that your new role as Director of Operations at the
17.
Chicago factory formally ------- on March 1, but I wanted to be the first person to congratulate you!
18.
Moving there and assuming more responsibilities may be -------, so don't hesitate to call me if you
19.
need any assistance. You have performed exceptionally as Assistant Production Manager here at DCA

Corporation's Detroit plant. -------. All the best for the future!
20.

Kindest regards,

Shaylynne Meeks

17. (A) presentation
(B) inspection
(C) collaboration
(D) promotion

18. (A) begins
(B) to begin
(C) has begun
(D) beginning

19. (A) challenging
(B) distinctive
(C) tentative
(D) rewarding

20. (A) In the meantime, please feel free to look
around our facility.
(B) I'd like to express my interest in the
available position.
(C) Thank you for your help in recruiting these
new employees.
(D) I'm confident that you'll continue to
succeed in Chicago.

Questions 21-24 refer to the following article.

Musician to Appear at the Emporium Music Store

DENVER (March 21) — Peter Watson, the owner of the Emporium Music Store, has announced that he will ------- Randy Smith, the lead singer of the rock group Orange Train. The event ------- at the
     21.   **22.**
Emporium Music Store on Saturday, March 29, at four in the afternoon. This will be an open event, so 200 people can attend it. Once the conversation has finished, Randy Smith will also sing a couple of songs from his new solo album, *Keep on Rocking*.

-------. His solo work, as well as his work with Orange Train, is constantly hailed for its musical
23.
brilliance. Sally Martin, the editor of *Rock and Roll Weekly*, called his most recent album "a brilliant ------- of musical genius that is sure to win numerous awards."
24.

---

21. (A) recommend
(B) collaborate
(C) replace
(D) interview

22. (A) took place
(B) will take place
(C) takes place
(D) has taken place

23. (A) *Keep on Rocking* was given harsh reviews by most critics.
(B) The Emporium Music Store is planning to host Orange Train's concert.
(C) Randy Smith has become a highly-regarded musician over the years.
(D) If you would like to make a reservation, please call us at 555-1030.

24. (A) achiever
(B) achieved
(C) achievable
(D) achievement

700+
기출 Point

1. 특정 전치사가 뒤따르는 형용사

> 2. 형용사

어떤 형용사들은 대상을 나타낼 때 특정 전치사와 결합합니다. 이때 형용사와 전치사를 하나의 숙어처럼 외워 두면 빈칸 뒤에 위치한 전치사만 보고도 쉽게 고난도 형용사 어휘 문제를 맞힐 수 있습니다.

be appreciative of ~에 감사하다	**be associated with** ~와 관련되다
be skilled at ~에 능숙하다	**be representative of** ~을 대표하다
be considerate of ~을 배려하다	**be similar to** ~와 유사하다
be accustomed to ~에 익숙하다	**be relevant to** ~와 관련되다

2. 수량대명사

> 4. 대명사

❶ 복수 수량대명사(Some, Most, All, Several, Many, None) + of the 복수명사 + 복수동사

Some of the world's best jazz musicians **are** included in this year's music festival.
세계 최고의 재즈 음악가 몇몇이 올해의 음악 축제에 포함되어 있습니다.

❷ 불가산 수량대명사(Little, Most, All) + (of the 불가산명사) + 단수동사

Little has been done about our defective product since its launch in May.
5월 출시 이후로 결함이 있는 우리 제품에 대해 취해진 조치가 거의 없다.

3. 특정 전치사와 자주 쓰이는 부사

> 5. 부사

부사는 전치사구를 수식할 수도 있습니다. 이때 특정 전치사와 짝꿍으로 쓰이는 부사들이 있으므로 이를 암기 해두면 빠르게 정답을 찾을 수 있습니다.

directly to[from] 장소 ~로[~로부터] 곧장	**promptly at** 시간 ~시 정각에
precisely at 시간 정확히 ~시에	**directly[immediately, shortly] before** ~ 직전에
directly[immediately, shortly] after ~ 직후에	

4. 미래완료시제와 어울리는 구문

7. 동사

현재 시점에 진행 중인 일이 미래의 특정 시점까지 영향을 미치거나 완료되는 경우에 사용하는 미래완료는 아래 구문과 함께 사용됩니다.

> By + 미래시점, 주어 + will have p.p. ~까지, …하게 될 것이다
>
> By the time + 주어 + 현재시제, 주어 + will have p.p. ~할 즈음이면, …하게 될 것이다

By next month, all the lighting in the mall **will have been replaced** with LEDs.
다음 달까지, 쇼핑몰의 모든 조명이 LED로 교체될 것이다.

5. 복합관계대명사

9. 관계사

복합관계대명사는 관계대명사 끝에 -ever가 붙은 형태이며, '~하는 …이든'이라고 해석합니다. 복합관계대명사가 이끄는 절은 명사절 또는 부사절의 역할을 하며, 명사를 수식하는 역할이 아니므로 선행사를 가지지 않습니다.

> who(m)ever ~하는 누구든, 누구를 ~하든 (= anyone who, no matter who)
>
> whatever ~하는 무엇이든, 무엇을 ~하든 (= anything that, no matter what)
>
> whichever ~하는 어느 것이든, 어느 것을 ~하든 (= anything which, no matter which)

The memo says that we can **invite whoever** wants to participate in the ceremony.
회람에 따르면, 기념행사에 참가하기를 원하는 사람은 누구든 우리가 초대할 수 있습니다.

6. 소속/범위 전치사

14. 전치사

> at ~에 근무하는   among ~ 사이에서   from ~ 소속의   within ~의 범위 내에
>
> of ~의   from A to B A에서 B까지   in ~의 분야에서, ~하는 데 있어

We need some strategies to generate interest **among** customers.
우리는 고객들 사이에서 관심을 일으킬 약간의 전략들이 필요하다.

▲ 강의 바로보기

Part 5

1. After the marketing campaign, Stanleyfield Amusement Park attracted even more ------- than it previously did.

(A) visit
(B) visitors
(C) visiting
(D) visited

2. The environmental report reveals that the ------- shopping bags provided by the supermarkets have led to a decrease in the amount of waste in landfills.

(A) reuse
(B) reuses
(C) reusing
(D) reusable

3. Jayden is convinced that his group's efficient material usage and method of production will make the product ------- viable.

(A) commercial
(B) commercially
(C) commercialize
(D) commercials

4. ------- employee wishing to participate in next week's conference should call Mr. Prasad at 205-8789.

(A) Any
(B) Few
(C) All
(D) Both

5. The CEO of Karl International believes that the firm can increase its ------- share through more intensive distribution.

(A) marketability
(B) marketing
(C) market
(D) marketed

6. Mitchum's Department Store has a managerial employment ------- for qualified individuals in the local area.

(A) opens
(B) opened
(C) open
(D) opening

7. Please carefully follow the ------- instructions if you want to ask for a refund on the electric hairdryer.

(A) attach
(B) attaches
(C) attached
(D) to attach

8. At the Verdant Hotel, we are willing ------- our guests to make their stay more enjoyable.

(A) assist
(B) to assist
(C) assisting
(D) assisted

9. The production of nuts in this region of Asia decreased last year ------- there was a severe drought.

(A) following
(B) more than
(C) due to
(D) because

10. The company will reserve one business class flight ticket for Ms. Dobson and ------- for Mr. Salman.

(A) those
(B) others
(C) another
(D) the others

11. For his report, Joshua needed statistics to prove that the company is heavily ------- on outsourcing and foreign investment.

(A) depend
(B) depends
(C) dependable
(D) dependent

12. Mr. Hall, the incoming CEO, is known for ------- his level head and his ability to get the best out of his staff.

(A) and
(B) both
(C) either
(D) rather

13. Due to limited space, office supplies should be stored ------- employees can fit them in their offices.

(A) whoever
(B) wherever
(C) whatever
(D) whichever

14. ------- the extremely high temperatures, thousands of people turned out for the city marathon.

(A) As if
(B) Regardless of
(C) Such as
(D) Although

15. News Media, Inc. has determined ------- it is not in its best interests to continue to pursue the acquisition of the rival company.

(A) that
(B) if
(C) what
(D) which

16. No one ------- a select group of high-level employees is permitted to access the company's main server room.

(A) except
(B) nevertheless
(C) regarding
(D) since

Questions 17-20 refer to the following letter.

December 17
Ms. Greta Maloof
ICIS Engineering
450 Fern Street
Portland, OR 97232

Dear Ms. Maloof,

Thank you for giving me the opportunity to meet with you last Friday. I ------- the chance to talk over **17.** my career options with such an established professional in the electrical engineering field. I would also like to take you up on your offer to provide me with more information on the companies to which I am planning to apply. -------. As you know, I am especially interested ------- furthering my research skills **18.** **19.** with a reputable company. My ultimate goal is to work in creative product design and development. Because of this, I am most interested in a company with a strong reputation for -------. I am extremely **20.** pleased that you offered your assistance, and I look forward to talking with you again in the future.

Kindest regards,

Paul Armstrong

---

17. (A) appreciated
(B) appreciating
(C) will appreciate
(D) was appreciated

18. (A) I obtained an advanced degree in civil engineering.
(B) I have enclosed a list of those companies with this letter.
(C) I read your articles published in Contemporary Electronics.
(D) My current internship will end next month.

19. (A) on
(B) in
(C) of
(D) by

20. (A) communication
(B) routine
(C) innovation
(D) association

Questions 21-24 refer to the following article.

WELLINGTON, NEW ZEALAND - The ninth annual Tourism and Hospitality Convention will be held from October 12 to October 20 at the Wellington Downtown Exposition Center (WEDOEX). The convention ------- seminars and speeches by some of the leading experts in the hospitality industry.
21.
This year's opening speech will be delivered by Carmen Alvarez, CEO of TourSpotters International.
-------. They make up the fastest growing sector in the industry. Her ------- will be delivered on October
22.   **23.**
12 at 1:30 p.m., just after the welcome luncheon. Afterwards, attendees will have an opportunity to tour the exhibition hall, where various industry vendors and product manufacturers will have booths set up. Organizers are excited to announce that nearly ------- booth in the exhibition hall has been reserved
24.
this year.

21. (A) featuring
(B) will feature
(C) featured
(D) was featuring

23. (A) debate
(B) show
(C) interview
(D) address

22. (A) Her speech will focus on meeting the needs of solo travelers.
(B) Last year's convention attracted over 10,000 guests.
(C) Local hotels have already been booked to capacity.
(D) Registered attendees can pick up a welcoming gift at the front desk.

24. (A) all
(B) most
(C) every
(D) whole

700+
기출 Point

1. -ing형 명사가 포함된 복합명사

6. 명사

동명사 또는 분사처럼 -ing로 끝나는 형태를 가진 단어들이 명사 자리 문제에 자주 출제됩니다. 아래 단어들의 품사가 동명사 또는 분사가 아니라 명사라는 것을 명확히 알고 있어야 합니다.

building permit 건축 허가	opening ceremony 개회식	job opening 공석, 빈자리
boarding pass 탑승권	training session 교육 시간	seating capacity 좌석 수용력
planning meeting 기획 회의	accounting department 회계부	advertising campaign 광고 캠페인
shipping charge 배송 요금	spending pattern 소비 패턴	manufacturing process 제조 과정

According to the Web site, the center has a **seating** capacity of over 1,000.
웹사이트에 따르면, 그 센터는 1,000명이 넘는 좌석 수용력을 지니고 있다.

2. 형용사로 굳어진 과거분사

7. 분사

increased 증가된	limited 한정된	detailed 상세한	respected 존경받는
complicated 복잡한	attached 첨부된	dedicated 헌신적인	experienced 경험 많은
skilled 능숙한	qualified 적격인	damaged 손상된	established 자리를 잡은

This voucher is valid for a **limited** time only.
이 상품권은 한정된 기간에만 유효합니다.

3. 형용사를 뒤에서 수식하는 to부정사

8. to부정사

pleased 만족한	delighted 즐거운	happy 기쁜	excited 신이 난
sorry 안타까운	willing 의향이 있는	eligible 자격이 있는	likely 가능성 있는
set 예정된	eager 간절히 원하는	able[unable] 할 수 있는[없는]	ready 준비된

We are **pleased to help** you with the problem you are experiencing with our service.
저희는 귀하께서 저희 서비스에 대해 겪고 계신 문제에 대해 도움을 드리게 되어 기쁩니다.

4. 부정대명사

     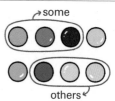

> **We have two types of security alarms, one for home use and the other for office use.**
> 저희는 두 가지 유형의 보안 알람을 보유하고 있는데, 하나는 가정용이고 나머지 하나는 사무실용입니다.
>
> **Some like Mr. Amaron's enthusiastic personality, while others find him to be too loud.**
> 어떤 사람들은 아마론 씨의 열정적인 성격을 좋아하는 반면, 다른 사람들은 그가 너무 시끄럽다고 생각한다.

5. 복합관계부사

복합관계부사는 관계부사 끝에 -ever가 붙은 형태이며, '~하는 …이든'이라는 의미를 나타냅니다. 복합관계부사가 이끄는 절은 부사절의 역할을 하며, 명사를 수식하는 역할이 아니므로 선행사가 없다는 것이 특징입니다.

> wherever ~하는 어디든, ~하는 곳마다 (= any place where, no matter where)
> whenever ~하는 언제든, ~할 때마다 (= any time when, no matter when)
> however 아무리 ~해도, 얼마나 ~하든 (= no matter how)

> **We can provide food items wherever you hold a corporate event.**
> 귀사가 어디에서 사내 행사를 개최하시든, 저희는 음식을 제공해 드릴 수 있습니다.

6. 양보/대체 전치사

양보 전치사는 어떤 상황을 인정하지만, 그에 반하는 일이 발생하는 경우를 나타낼 때 사용합니다.

> despite ~에도 불구하고   in spite of ~에도 불구하고   notwithstanding ~에도 불구하고
> regardless of ~에 상관없이   instead of ~ 대신에   rather than ~ 대신에

> **The outdoor event took place as scheduled despite the bad weather.**
> 좋지 못한 날씨에도 불구하고, 야외 행사는 예정대로 개최되었다.

Part 7

▲ 강의 바로보기

Questions 1-2 refer to the following announcement.

Books Galore would like to announce a brand-new program it is instituting. In the hope of drawing attention to local writers, every Saturday, we are going to host an event called Reader's Delight. From 1:00 to 2:00 P.M., a local published author will read from his or her work and take questions from audience members. The first Reader's Delight is going to feature Gina Yamato, who recently published her first novel, entitled *A Woman's Journey*. We invite authors in all genres to participate in Reader's Delight. We encourage poets, novelists, writers of children's works, creators of graphic novels, and nonfiction authors to present their works at Reader's Delight. We hope that Reader's Delight will attract more attention to local authors and increase their sales. Following each reading, a short reception with light refreshments will be held so that audience members can speak with the writers. For more information, contact Charles Ross, the owner of Books Galore, at 444-9843.

1. Who is Gina Yamato?

(A) A storeowner
(B) A book illustrator
(C) A published novelist
(D) A local poet

2. What will happen at 2:00 P.M. on Saturday?

(A) A reception will take place.
(B) An author will sign some books.
(C) A program will begin.
(D) A book sale will be held.

Questions 3-5 refer to the following letter.

Dear Mr. Hannigan,

On behalf of Royale Bank, I am pleased to inform you that your bank loan application has been accepted and processed. Therefore, we will grant you the $10,000 sum in accordance with the terms and conditions laid out in the enclosed agreement. — [1] —.

We have already received copies of your pay slips covering the past six months, your two pieces of state-issued photo ID, and your social security number. — [2] —. Once the funds have been deposited into your business bank account, you will be notified by SMS and receive written confirmation by mail that you may keep for your reference. — [3] —.

As detailed in the agreement, the full sum plus interest must be paid back within 10 years. We can offer you an interest rate of 9 percent, which is a fairly competitive rate among Oregon banks. We expect a minimum repayment of $75 on the 1st of each month, and failure to adhere to these terms may result in additional administration charges or fees. — [4] —.

Please feel free to contact me directly at 555-1103 should you have any questions or concerns.

Sincerely,

Rajesh Suleman, Corporate Loans Manager, Royale Bank

3. Why was the letter sent to Mr. Hannigan?

   (A) To confirm the opening of an account
   (B) To provide advice on starting a business
   (C) To approve a request for financing
   (D) To request additional information

4. What is Mr. Hannigan asked to do on a monthly basis?

   (A) Visit the bank
   (B) Make a payment
   (C) Submit a document
   (D) Call Mr. Suleman

5. In which of the positions marked [1], [2], [3], and [4] does the following sentence best belong?

   "As such, we have all the necessary information and do not need to trouble you for anything else."

   (A) [1]
   (B) [2]
   (C) [3]
   (D) [4]

Questions 6-10 refer to the following e-mails.

Subject: Mariposa Bistro
Date: November 4

Dear Sir/Madam,

I dined at your restaurant with some friends two days ago, and we really enjoyed your extensive seafood menu and the table we reserved out on the patio. Nevertheless, I am writing to you because I wish to bring an incident regarding a member of your staff to your attention. The employee, whose name tag identified him as Steven, carelessly dropped a bowl of ice cream while bringing out the dessert course. Unfortunately, this landed on my cell phone, which was on the table, cracking the screen and damaging the leather phone case.

I am still very unhappy about this situation, as he was carrying too many dishes at the time and an accident was bound to happen. As a result, I had no choice but to visit a phone store yesterday and pay $120 for screen repairs. The phone case is worth an additional $50, but luckily, I have managed to clean that and it's almost back to its original appearance. So, I do not expect to be compensated for the full $170, but I hope to at least have the cost of repairs covered.

I hope to hear back from you soon regarding this matter.

Sincerely,

Lisa Mulvaney

Subject: Re: Mariposa Bistro
Date: November 5

Dear Ms. Mulvaney,

I am terribly sorry to hear about the incident that spoiled your otherwise enjoyable experience at my restaurant. I have spoken to the employee you mentioned and arranged for all staff to undergo retraining this week. As a token of goodwill, I insist on covering the cost of both the repairs and the case, which you mentioned is still not in perfect condition. I would be happy to send you a direct bank transfer, if that suits you. Please let me know your banking information at your earliest possible convenience, and I will take care of this immediately. Once again, please accept my apologies, and I look forward to seeing you again at Mariposa Bistro.

Best regards,

Alan Crandall
Proprietor, Mariposa Bistro

6. What is the main purpose of the first e-mail?

(A) To reserve a table
(B) To make a complaint
(C) To inquire about a menu
(D) To praise an employee

7. When did Ms. Mulvaney visit Mariposa Bistro?

(A) On November 2
(B) On November 3
(C) On November 4
(D) On November 5

8. Who most likely is Steven?

(A) A chef
(B) A cleaner
(C) A business owner
(D) A server

9. In the second e-mail, the word "suits" in paragraph 1, line 5, is closest in meaning to

(A) adapts
(B) satisfies
(C) confirms
(D) outfits

10. How much money will Mr. Crandall send to Ms. Mulvaney?

(A) $50
(B) $120
(C) $170
(D) $220

1. 문장삽입

하나의 문장이 주어지고 지문의 흐름상 그 문장의 위치로 가장 적절한 곳을 찾는 유형입니다. 지문의 전체적인 내용 흐름을 파악해야 하는 어려운 문제이지만, 연계성을 찾는 데 필요한 단서가 반드시 제시되므로 그 단서를 빠르게 찾고 정확한 내용 흐름을 파악하는 것이 중요합니다.

❶ 문장삽입 문제 빈출 단서 유형

- 대명사: this, that, these, those, they, them, such, it, he, she, both 등
- 접속부사: however, therefore, accordingly, for example, instead, furthermore, also 등
- 시간 및 순서 표현: before, after, prior to, then, first, finally 등
- 정관사(the) + 명사

— [1] —. A front desk attendant at the Trinity Hotel will be responsible for helping our guests. — [2] —. The front desk attendant will oversee check-ins and check-outs and respond to any of the guests' requests or inquiries. — [3] —. Applicants who hold a university degree are preferred, but it is not required. — [4] —.

Q. In which of the positions marked [1], [2], [3], and [4] does the following sentence best belong?

"**They** should **also** have at least one year of experience in the hotel industry."

(A) [1]　　　(B) [2]　　　(C) [3]　　　**(D) [4]**

— [1] —. 트리니티 호텔의 프론트 데스크 직원은 우리 고객들을 돕는 일을 책임지게 될 것입니다. — [2] —. 프론트 데스크 직원은 입실 및 퇴실 수속을 관리하며, 고객들의 어떤 요청이나 문의 사항에도 대응해야 합니다. — [3] —. 대학 학위를 소지하고 있는 지원자들이 우대되지만, 필수는 아닙니다. — [4] —.

Q. [1], [2], [3], 그리고 [4] 중에서 다음 문장이 가장 잘 어울리는 위치는 어느 것인가?
"그들은 또한 호텔 업계에서 최소 1년 동안의 경력을 지니고 있어야 합니다."

 꿀팁

계시된 문장에서 대명사 They와 부사 also를 활용해 흐름을 파악하면 됩니다. They가 지칭하는 Applicants의 추가 자격 요건을 말하는 흐름이 되어야 자연스러우므로 지원 자격을 언급하는 문장 뒤에 위치한 (D) [4]가 정답입니다.

2. 이중지문

이중지문 유형은 2개의 지문이 1세트를 구성하므로 두 지문 사이의 관계를 빠르게 파악하는 것이 가장 중요합니다. 쉬운 유형의 문제를 먼저 풀이하면서 각 지문의 내용 및 두 지문 사이의 관계를 대략적으로 파악한 다음, 세부적인 정보 확인 및 대조 과정이 필요한 어려운 유형의 문제로 넘어가는 방식으로 풀이합니다.

❶ 이중지문 간단히 파악하기

· 문제 번호: 176~180번, 181~185번 (총 2세트, 10문제)
· 지문별 문제 배치 순서: 첫째 지문 → 1~2번 문제, 둘째 지문 → 3~5번 문제, 연계 문제 → 3번 또는 5번 문제
· 문제 유형: 주제/목적, 세부정보, 사실확인, 동의어, 연계 문제

❷ 이중지문 구성 예시

· 특정 주제에 관한 문의 - 문의에 대한 답변
· 예정된 행사/공사/회의 공지 - 구체적 일정 및 유의 사항
· 설문조사/행사 참여 권유 - 참가 신청서
· 불만 및 문제점 제기 - 해결책 제시
· 제품 및 서비스 광고 - 고객 혜택
· 특정 주제에 관한 공지 - 관련 기사

❸ 연계문제 단서 찾기

· 이중지문이 짝지어 나오는 지문 구성 패턴이 있기 때문에 지문을 읽을 때 짝지어 나오는 지문들이 서로 어떤 관계인지 먼저 파악해야 합니다. 이 과정에서 문제 풀이에 핵심적인 역할을 하는 특정 날짜나 장소, 서비스 종류, 비용, 방법 등과 같이 중요한 정보에 유의하여 읽어야 합니다.
· 한 지문을 읽고 나머지 지문을 읽을 때는 이미 확인해 둔 중요 정보 중에서 중복되는 요소가 언급되는 부분을 놓치지 않는 것이 중요합니다.

❹ 이중지문 문제 풀이 단계

· 두 지문의 종류를 먼저 파악하고 각 문제의 유형을 확인해 풀이할 순서를 정합니다. 각 세트에 딸린 다섯 문제를 반드시 순차적으로 풀지 않아도 됩니다.
· 주제/목적 문제와 동의어 문제 등 쉬운 유형의 문제를 먼저 풀면서 각 지문의 내용과 두 지문 사이의 관계를 간략하게 파악합니다.
· 세부정보 및 사실확인 문제를 풀이합니다. According to나 In the e-mail 등과 같이 특정 지문을 가리키는 말이 질문에 쓰인 경우 해당 지문 하나만 보고 풀 수 있으므로 먼저 풀이합니다. 이 유형의 문제를 풀이하기 위해 세부적인 정보를 파악하는 동안 두 지문 사이의 연계성을 염두에 두고 읽는 것이 좋습니다.
· 두 지문 사이에 연계된 정보를 파악해 연계 문제를 마지막으로 풀이합니다.

Week **24**

정답 및 해설

Day 01 Part 1, 2 실전 연습

Part 1

1. (A)	2. (B)	3. (C)	4. (C)	5. (A)
6. (A)				

1.

(A) A ramp leads into the back of a vehicle.
(B) A ladder is being moved onto a van.
(C) A bicycle is parked on the side of the road.
(D) Two men are strolling side by side.

(A) 경사로가 차량 뒤편으로 연결되어 있다.
(B) 사다리가 승합차로 옮겨지고 있다.
(C) 자전거가 길가에 주차되어 있다.
(D) 두 남자가 나란히 걷고 있다.

정답 (A)

해설 (A) 짐을 나르기 위한 경사로가 트럭 뒷부분으로 이어져 있으므로 정답.
(B) 사다리를 옮기고 있지 않으므로 오답.
(C) 자전거는 보이지 않으므로 오답.
(D) 사진의 두 남자는 가구를 옮기고 있으므로 오답.

어휘 ramp 경사로 lead into ~으로 이어지다 vehicle 차량 ladder 사다리 van 승합차 stroll v. 산책하다 side by side 나란히

2.

(A) She's putting on safety glasses.
(B) She's pouring liquid into a container.
(C) She's working in a warehouse.
(D) She's repairing a light fixture.

(A) 여자가 보안경을 착용하는 중이다.
(B) 여자가 용기에 액체를 따르고 있다.
(C) 여자가 창고에서 작업하고 있다.
(D) 여자가 조명 기구를 수리하고 있다.

정답 (B)

해설 (A) 보안경을 이미 착용하고 있으므로 오답.
(B) 액체를 용기에 따르고 있는 모습이므로 정답.
(C) 창고가 아니라 실험실에 있으므로 오답.
(D) 조명 기구를 고치는 모습이 아니므로 오답.

어휘 safety glasses 보안경(= safety goggles, protective glasses, protective goggles) pour A into B: A를 B에 따르다, 붓다 liquid 액체 container 용기 repair v. ~을 수리하다 light fixture 조명 기구

3.

(A) A man is carrying a bucket.
(B) A man is planting some flowers.
(C) Water is being sprayed from a hose.
(D) A fence is being built around a yard.

(A) 한 남자가 양동이를 옮기고 있다.

(B) 한 남자가 꽃을 심고 있다.

(C) 물이 호스에서 뿌려지고 있다.

(D) 담장이 마당 주변에 지어지고 있다.

정답 (C)

해설 (A) 남자가 양동이를 옮기는 동작을 하는 것이 아니므로 오답.

(B) 남자가 꽃을 심는 동작을 하는 것이 아니므로 오답.

(C) 물이 호스를 통해 뿌려지고 있으므로 정답.

(D) 담장을 짓는 동작을 하는 사람을 찾아볼 수 없으므로 오답.

어휘 carry ~을 옮기다, 나르다 bucket 양동이 plant ~을 심다 spray ~을 뿌리다 around ~ 주변에, ~을 둘러 yard 마당

4.

(A) Some fruit has been put in a shopping cart.

(B) Food is on display in a cafeteria.

(C) An outdoor area is crowded with people.

(D) Picnic tables are being cleaned.

(A) 몇몇 과일이 쇼핑 카트에 놓여 있다.

(B) 음식이 구내 식당에 진열되어 있다.

(C) 한 야외 장소가 사람들로 붐비고 있다.

(D) 피크닉용 탁자들이 말끔히 치워지고 있다.

정답 (C)

해설 (A) 쇼핑 카트를 찾아볼 수 없으므로 오답.

(B) 사진 속 장소가 구내 식당이 아니므로 오답.

(C) 야외에 마련된 장소에 사람들이 많으므로 정답.

(D) 피크닉 테이블을 치우고 있는 모습은 보이지 않으므로 오답.

어휘 put A in B: A를 B에 놓다, 두다 on display 진열된, 전시된 cafeteria 구내 식당 be crowded with ~로 붐비다 clean ~을 말끔히 치우다

5.

(A) Some plants are hanging from the ceiling.

(B) Some artwork is being framed.

(C) Some chairs have been stacked in the corner.

(D) A seating area has been set up outside.

(A) 몇몇 식물들이 천장에 매달려 있다.

(B) 일부 예술품들이 액자에 넣어지고 있다.

(C) 몇몇 의자들이 구석에 쌓여 있다.

(D) 좌석 공간이 외부에 설치되어 있다.

정답 (A)

해설 (A) 천장에 식물들이 매달려 있는 상태이므로 정답.

(B) 예술품을 액자에 넣는 동작을 하는 사람이 없으므로 오답.

(C) 쌓여 있는 의자를 찾아볼 수 없으므로 오답.

(D) 사진 속 공간은 실내이므로 오답.

어휘 hang 매달리다, 걸려 있다 ceiling 천장 artwork 예술품 frame v. ~을 액자에 넣다 in the corner 구석에 seating area 좌석 공간 set up ~을 설치하다 outside 외부에, 바깥에

6.

(A) A bicycle has been secured to a post.

(B) A bicycle is being ridden along the path.

(C) The tires have been removed from the bicycle.

(D) The road is being repaved.

(A) 자전거가 기둥에 고정되어 있다.

(B) 자전거가 길을 따라 운전되는 중이다.

(C) 타이어들이 자전거에서 제거되어 있다.

(D) 도로가 재포장되는 중이다.

정답 (A)

해설 (A) 자전거가 기둥에 고정되어 있는 상태를 묘사하고 있으므로 정답.

(B) 자전거가 운전되는(is being ridden) 것이 아니라 고정되어 있으므로 오답.

(C) 자전거 타이어가 그대로 놓여 있으므로 오답.

(D) 도로를 포장하는(is being repaved) 동작을 하는 사람을 찾아볼 수 없으므로 오답.

어휘 secure v. ~을 고정하다 post 기둥 along (길 등) ~을 따라 path 길, 이동로 remove A from B: B에서 A를 제거하다 repave (도로 등) ~을 재포장하다

Part 2

7. (B)	8. (C)	9. (A)	10. (C)	11. (C)
12. (A)	13. (B)	14. (A)	15. (C)	16. (A)
17. (B)	18. (A)	19. (C)	20. (B)	21. (C)
22. (A)	23. (C)	24. (C)	25. (C)	26. (B)

7. When does the lease for your apartment expire?

(A) There are two bedrooms.

(B) I renewed for another year.

(C) A new building policy.

당신 아파트 임대 계약이 언제 만료되나요?

(A) 침실이 두 개 있어요.

(B) 1년 더 갱신했어요.

(C) 새로운 건물 정책이요.

정답 (B)

해설 (A) 질문에 쓰인 apartment에서 연상 가능한 bedroom을 이용한 오답.

(B) 1년 더 갱신했다는 말로 대략적인 미래 시점을 나타내는 정답.

(C) 질문에 쓰인 apartment에서 연상 가능한 building을 이용한 오답.

어휘 lease 임대 계약(서) expire (기한이) 만료되다 renew ~을

갱신하다 policy 정책, 방침

8. Weren't we supposed to leave at four?

(A) I left them on your desk.

(B) No, I didn't.

(C) Yes, but I was in a meeting.

우리가 4시에 출발할 예정이지 않았나요?

(A) 제가 그것들을 당신 책상에 놓아 두었습니다.

(B) 아뇨, 저는 그러지 않았어요.

(C) 맞아요, 하지만 제가 회의 중이었습니다.

정답 (C)

해설 (A) 질문에 쓰인 leave의 다른 의미(출발하다-놓다)를 이용해 혼동을 유발하는 오답.

(B) 질문에 쓰인 were과 맞지 않는 조동사 did를 사용한 오답.

(C) 4시에 떠날 예정이지 않았는지 확인하는 부정 의문문에 대해 긍정을 나타내는 Yes와 함께 예정대로 갈 수 없었던 이유를 언급한 정답.

어휘 be supposed to do ~할 예정이다, ~하기로 되어 있다 leave 출발하다, 떠나다, ~을 놓다, 두다

9. Has the new financial director been named yet?

(A) I heard that it's Mr. Philipps.

(B) Several people won awards.

(C) They'll be discussing our budget.

혹시 신임 재무 이사가 임명되었나요?

(A) 필립스 씨라고 들었습니다.

(B) 여러 사람들이 상을 받았습니다.

(C) 그분들이 우리 예산을 논의할 겁니다.

정답 (A)

해설 (A) 신임 재무 이사가 임명되었는지 확인하는 일반 의문문에 대해 해당 직책을 맡을 사람의 이름을 들은 사실을 말하는 정답.

(B) 질문에 쓰인 director와 named에서 연상 가능한 won awards를 이용한 오답.

(C) 질문에 쓰인 financial에서 연상 가능한 budget을 이용한 오답.

10. Won't you need permission to enter a restricted area?

(A) I'll ask Mike to lead the discussion.

(B) You can find our office on the third floor.

(C) I have authorization to enter.

제한 구역에 들어가려면 허가가 필요하지 않을까요?

(A) 제가 마이크 씨에게 토론회를 진행하도록 요청할게요.

(B) 3층에서 저희 사무실을 찾으실 수 있습니다.

(C) 저는 들어갈 수 있는 권한이 있습니다.

정답 (C)

해설 (A) 질문에 쓰인 permission과 일부 발음이 유사한 discussion을 이용해 혼동을 유발하는 오답.

(B) 질문에 쓰인 area에서 연상 가능한 office와 floor를 이용해 혼동을 유발하는 오답.

(C) 제한 구역에 들어갈 수 있는 권한이 있다고 하므로 정답.

어휘 permission 허가, 동의 restricted 제한된 ask A to do: A에게 ~하도록 요청하다 lead ~을 진행하다, 이끌다 discussion 토론(회), 논의 have authorization to do ~할 수 있는 권한이 있다

11. Did you receive the booklet about the upcoming exhibitions?

(A) A different exhibit.

(B) It was fully booked.

(C) Yes, and I'm planning to go.

다가오는 박물관 전시회에 관한 안내 책자를 받으셨나요?

(A) 다른 전시회요.

(B) 예약이 꽉 찼었습니다.

(C) 네, 그래서 갈 계획입니다.

정답 (C)

해설 (A) 질문에 쓰인 exhibitions와 발음 및 의미가 비슷한 exhibit을 이용해 혼동을 유발하는 오답.

(B) 질문에 쓰인 booklet과 발음이 비슷한 booked를 이용해 혼동을 유발하는 오답.

(C) 긍정을 나타내는 Yes와 함께 그곳에 갈 계획이라는 말을 덧붙인 정답.

어휘 receive ~을 받다 booklet 안내 책자, 소책자 upcoming 다가오는, 곧 있을 exhibition 전시(회)(= exhibit) fully booked 예약이 꽉 찬 plan to do ~할 계획이다

12. Could you work my shift on Monday night?

(A) As long as our manager agrees.

(B) Usually five days per week.

(C) We'll be open until 7.

월요일 저녁에 제 교대 근무를 해 주실 수 있으세요?

(A) 매니저님께서 동의해 주시기만 하면요.

(B) 보통 일주일에 5일이요.

(C) 저희는 7시까지 문을 열 겁니다.

정답 (A)

해설 (A) Could you로 시작해 교대 근무를 대신해 달라는 요청 의문문에 대해 매니저가 동의해 주는 것을 조건으로 제시한 정답.

(B) 질문에 쓰인 Monday와 연관성 있게 들리는 days와 week를 이용해 혼동을 유발하는 오답.

(C) 질문의 의도와 관련 없이 영업 시간을 말하는 오답.

어휘 work one's shift ~의 교대 근무를 하다 as long as ~하기만 하면, ~하는 한 agree 동의하다 usually 보통, 일반적으로 per week 일주일에, 주당

13. Do we have plenty of brochures, or should I pick up some more?

(A) I'm not sure if I can.

(B) We still have enough.

(C) To give them to customers.

우리가 안내 책자를 충분히 갖고 있나요, 아니면 제가 좀 더 가져 와야 하나요?

(A) 제가 할 수 있을지 모르겠네요.

(B) 여전히 충분히 갖고 있습니다.

(C) 고객들께 드리기 위해서요.

정답 (B)

해설 (A) 상대에게 무엇을 요청한 질문이 아니므로 어울리지 않는 오답.
(B) 물품이 충분한지 확인하는 질문과 그렇지 않을 경우에 더 가져 와야 하는지 묻고 있으므로, 충분히 있다고 대답한 정답.
(C) 질문에 쓰인 안내 책자(brochures)에서 연상 가능한 것으로 안내 책자 제공 목적을 말하는 것으로 혼동을 유발하는 오답.

어휘 plenty of 많은, 충분한 brochure 안내 책자, 소책자 pick up ~을 가져 오다, 가져 가다 I'm not sure if ~인지 확실하지 않습니다 enough 충분한 수량

14. Why was the file cabinet moved from the corner?
(A) To make more space for a new printer.
(B) Right around the corner.
(C) It's on my desk.

왜 그 파일 캐비닛이 구석에서 옮겨진 거죠?
(A) 새 프린터를 놓을 공간을 더 확보하기 위해서요.
(B) 바로 모퉁이를 돈 곳에요.
(C) 그건 제 책상 위에 있습니다.

정답 (A)
해설 (A) Why와 어울리는 목적을 나타내는 to부정사구와 함께 공간 확보를 위해 캐비닛이 옮겨졌다는 목적을 밝히는 답변이므로 정답.
(B) 질문에 포함된 corner를 반복 사용해 혼동을 유발하는 답변으로, Where에 어울리는 위치 전치사구로서 캐비닛이 옮겨진 이유와 관련 없는 오답.
(C) Where에 어울리는 위치를 알려주는 답변이므로 캐비닛이 옮겨진 이유와 관련 없는 오답.

어휘 move A from B: A를 B에서 옮기다 make more space 공간을 더 확보하다 right around the corner 바로 모퉁이를 돈 곳에

15. Do you think we can finish our project by the deadline, or should we ask for an extension?
(A) At 5 P.M. today.
(B) My extension is 304.
(C) We need to use more time.

우리가 마감 기한까지 프로젝트를 완료할 수 있다고 생각하세

요, 아니면 기한 연장을 요청해야 할까요?
(A) 오늘 오후 다섯 시에요.
(B) 제 내선번호는 304입니다.
(C) 시간을 좀 더 써야 해요.

정답 (C)
해설 (A) When 의문문에 어울리는 시간 표현으로 오답.
(B) 질문에 쓰인 extension의 다른 의미(연장-내선번호)를 이용해 혼동을 유발하는 오답.
(C) 마감 기한까지 프로젝트를 완료할 수 있을지, 아니면 기한 연장을 요청해야 하는지를 묻는 선택 의문문에 대해 시간을 더 써야 한다는 말로 기한 연장을 요청해야 한다는 뜻을 나타내는 정답.

어휘 by (기한) ~까지 deadline 마감 기한 ask for ~을 요청하다 extension 연장, 내선전화(번호)

16. Why can't we view the second floor of the building?
(A) It's being renovated.
(B) We have a nice selection upstairs.
(C) I can't really see them from here.

왜 우리가 건물의 2층을 볼 수가 없는 거죠?
(A) 개조되는 중입니다.
(B) 저희가 위층에 멋진 제품들을 갖고 있습니다.
(C) 저는 여기서 그것들을 볼 수 없어요.

정답 (A)
해설 (A) 건물의 2층을 왜 볼 수 없는지 묻고 있으므로 개조되는 중이라는 말로 보이지 않는 이유를 말하는 정답.
(B) 질문에 쓰인 second floor에서 연상 가능한 upstairs를 이용한 오답.
(C) 질문에 쓰인 view와 의미가 유사한 see를 이용해 혼동을 유발하는 답변으로 단수명사에 대해 복수명사 them을 잘못 사용한 오답.

어휘 view v. ~을 보다 renovate ~을 개조하다, 보수하다 selection 선택 가능한 것들 upstairs 위층에

17. When are the investors due to visit our plant?
(A) Yes, 2 o'clock suits me fine.
(B) It hasn't been decided yet.

(C) For additional project funding.

투자자들이 언제 우리 공장을 방문할 예정인가요?
(A) 네, 2시가 저에게 좋습니다.
(B) 아직 결정되지 않았어요.
(C) 추가 프로젝트 자금 제공을 위해서요.

정답 (B)

해설 (A) 시간 표현으로 답변하고 있지만, 투자자들의 방문 시점이 아니므로 오답.
(B) '아직 결정되지 않았다'는 말로 아직 알 수 없는 상황임을 우회적으로 답변하는 정답.
(C) 질문의 investors에서 연상 가능한 funding을 이용한 오답.

어휘 investor 투자자 be due to do ~할 예정이다, ~하기로 되어 있다 plant 공장 suit A fine: A에게 잘 맞다, A에게 좋다 decide ~을 결정하다 additional 추가적인 funding 자금 (제공)

18. How can I get reimbursed for the travel expenses?
(A) Give your receipts to Ms. Jones.
(B) I flew back to Indonesia.
(C) I think they were sold out.

제가 출장 경비에 대해 어떻게 환급 받을 수 있나요?
(A) 영수증을 존스 씨께 드리세요.
(B) 저는 인도네시아로 비행기를 타고 되돌아갔어요.
(C) 제 생각엔 품절된 것 같아요.

정답 (A)

해설 (A) 환급용 자료에 해당되는 영수증을 제출하라는 말로 환급 받을 수 있는 방법을 알리는 답변이므로 정답.
(B) 질문에 포함된 travel과 연관성 있게 들리는 flew와 Indonesia를 활용해 혼동을 유발하는 답변으로, 비용 환급 방법이 아닌 이동 수단과 장소를 말하고 있으므로 오답.
(C) 비용 환급 방법이 아닌 제품의 재고 여부와 관련된 정보이므로 오답.

어휘 reimburse ~을 환급해 주다 expense 경비, 지출 (비용) receipt 영수증 fly back to ~로 비행기를 타고 돌아가다 sold out 품절된, 매진된

19. When did the previous tenants vacate the building?
(A) A 12-month lease.
(B) It has a good location.
(C) They haven't moved out yet.

이전 세입자들이 언제 건물을 비웠죠?
(A) 12개월 임대요.
(B) 거긴 위치가 좋아요.
(C) 그 사람들 아직 안 나갔어요.

정답 (C)

해설 (A) 건물을 비운 시점을 묻는 질문에 계약 기간을 말하는 오답.
(B) 시점과 관련 없는 오답.
(C) 질문과 관련하여 아직 이사하지 않았다는 정보를 제공하는 정답.

어휘 previous 이전의 tenant 세입자 vacate (건물, 좌석 등을) 비우다 lease 임대차 계약 location 위치 move out (살던 곳에서) 이사 가다 cf. move in 이사 오다

20. Do you prefer to eat at home or go to a restaurant?
(A) It has an extensive menu.
(B) I'm fine with either.
(C) I'll make the reservation.

집에서 식사하시는 게 더 좋으세요, 아니면 레스토랑에 가고 싶으세요?
(A) 폭넓은 메뉴가 있습니다.
(B) 저는 둘 중 아무거나 다 좋습니다.
(C) 제가 예약을 하겠습니다.

정답 (B)

해설 (A) 질문에 쓰인 restaurant에서 연상 가능한 menu를 이용한 오답.
(B) 선택 사항 둘 중 아무거나 좋다고 답하는 정답.
(C) eat와 restaurant 등의 단어에서 연상 가능한 reservation을 이용해 혼동을 유발하는 오답.

어휘 prefer to do ~하는 것을 더 좋아하다, 선호하다 extensive 폭넓은, 광범위한 either 둘 중 어느 것이든 make a reservation 예약하다

21. Won't Angela be asked to lead the training session?

(A) She found it very enjoyable.

(B) There's another train at 2:30.

(C) It depends on her schedule.

안젤라 씨가 교육 시간을 진행하도록 요청 받으시지 않을까요?

(A) 그분은 그게 매우 즐겁다고 생각했어요.

(B) 2시 30분에 다른 열차가 있어요.

(C) 그건 그분 일정에 달려 있습니다.

정답 (C)

해설 (A) 과거의 일에 대한 의견을 말하는 내용이므로 오답.

(B) 질문에 쓰인 training과 일부 발음이 유사한 train을 이용해 혼동을 유발하는 오답.

(C) 긍정 또는 부정을 나타내는 답변 대신 그 사람 일정에 따라 달라질 수 있다고 알리는 정답.

어휘 **be asked to do** ~하도록 요청 받다 **lead** ~을 진행하다, 이끌다 **training** 교육 **session** (특정 활동을 위한) 시간 **find A 형용사:** A를 ~하다고 생각하다 **enjoyable** 즐거운 **depend on** ~에 달려 있다, ~에 따라 다르다

22. We have until 5 P.M. to hand in our expense reports, don't we?

(A) Actually, they were due yesterday.

(B) No, I didn't receive any handouts.

(C) At least 500 dollars a week.

우리가 오후 5시까지 지출 비용 보고서를 제출해야 하지 않나요?

(A) 실은, 어제가 기한이었어요.

(B) 아뇨, 저는 어떤 유인물도 받지 않았어요.

(C) 적어도 일주일에 500달러요.

정답 (A)

해설 (A) 오후 5시까지 지출 비용 보고서를 제출해야 하지 않는지 확인하는 부가 의문문에 대해 어제가 기한이었다는 말로 이미 제출 기한이 지났음을 알리는 정답. 「have until A to do」 구조로 기한을 나타낼 수 있다는 점을 기억해 두면 좋다.

(B) 질문에 쓰인 hand에서 연상 가능한 handout을 이용해 혼동을 유발하는 오답.

(C) 질문에 쓰인 expense에서 연상 가능한 비용 500 dollars

를 이용한 오답.

어휘 **hand in** ~을 제출하다 **expense** 지출 (비용), 경비 **actually** 실은, 사실은 **due** ~가 기한인, 예정인 **receive** ~을 받다 **handout** 유인물 **at least** 적어도, 최소한

23. Why did we purchase the office supplies from a different store?

(A) Every Monday.

(B) On their Web site.

(C) The other one closed.

왜 우리가 다른 매장에서 사무용품을 구입한 거죠?

(A) 매주 월요일이요.

(B) 그쪽 웹 사이트에서요.

(C) 다른 쪽 매장이 문을 닫았어요.

정답 (C)

해설 (A) How often에 어울리는 반복 주기 또는 When에 어울리는 시점에 해당되는 답변이므로 오답.

(B) How에 어울리는 제품 구입 방법에 해당되는 답변이므로 오답.

(C) 두 가지 특정 대상 중 하나를 제외한 나머지 하나를 지칭할 때 사용하는 The other와 함께 그곳이 문을 닫았다는 말로 다른 곳에서 구입한 이유를 말하는 정답.

어휘 **purchase** ~을 구입하다 **supplies** 용품, 물품 **the other** (둘 중 하나를 제외한) 나머지 하나

24. Won't it be too expensive to remodel the reception area?

(A) I think it was held at the Noblesse Hotel.

(B) Yes, I got the newest model.

(C) Not if we stick to our budget.

접수 구역을 개조하는 데 너무 많은 비용이 들지 않을까요?

(A) 노블레스 호텔에서 개최되었던 것 같아요.

(B) 네, 가장 최신 모델을 샀어요.

(C) 예산을 지키기만 하면 그렇지 않을 거예요.

정답 (C)

해설 (A) reception area에서 연상 가능한 Noblesse Hotel을 이용해 혼동을 유발하는 답변으로, 공사 비용 수준과 관련 없는 오답.

(B) 질문에 쓰인 remodel의 일부인 model을 활용해 혼동을 유발하는 오답.

(C) '~한다면 그렇지 않다'라는 의미를 나타내는 Not if와 함께 많은 비용이 들지 않는 조건으로서 예산을 지키기만 하면 그렇지 않다는 의미를 나타내는 정답.

어휘 **too A to do:** ~하기에 너무 A한 **remodel** ~을 개조하다
reception area 접수 구역 **hold** ~을 개최하다, 열다
Not if ~한다면 그렇지 않다 **stick to** ~을 지키다, 고수하다
budget 예산

정답 (B)

해설 (A) 자신의 컴퓨터에 소프트웨어를 설치했는지 확인하는 질문에 맞지 않는 오답.

(B) 비밀번호를 몰라서 설치하지 못했다는 의미로 정답.

(C) 질문 내용과 어울리지 않는 오답.

어휘 **install** ~을 설치하다 **borrow** ~을 빌리다 **password**
비밀번호 **appreciate** ~에 대해 감사하다

25. Have you completed the building blueprint?

(A) He printed it in a different color.

(B) No, in a different building.

(C) I'm almost done.

건물 설계도 작업을 완료하셨나요?

(A) 그분은 그것을 다른 색으로 인쇄했어요.

(B) 아뇨, 다른 건물에서요.

(C) 거의 다 끝나가요.

정답 (C)

해설 (A) 질문에 쓰인 blueprint의 일부 발음에 해당되는 print를 반복하고 있으며, 대상을 알 수 없는 he에 대해 말하고 있어 오답.

(B) 질문에 쓰인 building을 반복해 혼동을 유발하여 질문의 의도에 맞지 않는 오답.

(C) '거의 다 했다'라는 말로 완료 여부와 관련된 진행 상황을 알리는 정답.

어휘 **complete** ~을 완료하다 **blueprint** 설계도, 청사진
be done 완료하다, 끝내다

26. You installed the software on my computer, didn't you?

(A) Sure, you can borrow mine.

(B) I didn't know your password.

(C) Yes, I'd appreciate it.

당신이 제 컴퓨터에 소프트웨어를 설치해 주셨죠, 그렇지 않나요?

(A) 물론이죠, 제 것을 빌리셔도 돼요.

(B) 전 당신의 비밀번호를 몰랐는걸요.

(C) 네, 그럼 감사하죠.

Day 02 Part 3, 4 실전 연습

Part 3

1. (D)	**2.** (B)	**3.** (D)	**4.** (D)	**5.** (C)
6. (C)	**7.** (A)	**8.** (A)	**9.** (B)	

Questions 1-3 refer to the following conversation.

M: This is Kohlman's Supermarket. How can I help you today?

W: Hello. I just heard on the radio that **1** you now deliver grocery orders. I'd like some more information about it.

M: Sure, what would you like to know?

W: It sounds great, but **2** won't the order take a few days to arrive?

M: Actually, it's same-day delivery, guaranteed.

W: Oh, fantastic. I'll try it this week. Umm… and since I have you on the line, **3** could you check if you have any Roma pasta sauce in stock?

M: **3** Of course. Let me do a quick search for you.

....

남: 콜만스 슈퍼마켓입니다. 오늘 무엇을 도와드릴까요?

여: 안녕하세요. 이제 식료품 주문 사항을 배송해 주신다는 말을 라디오에서 막 들었어요. 좀 더 많은 정보를 알려 주셨으면 합니다.

남: 물론입니다, 무엇을 알고 싶으신가요?

여: 아주 좋은 생각인 것 같지만, 주문품이 도착하는 데 며칠씩 걸리지 않을까요?

남: 실은, 당일 배송을 보장해 드리고 있습니다.

여: 아, 정말 좋은데요. 이번 주에 한번 해보겠습니다. 음… 그리고 통화하는 김에, 로마 파스타 소스 재고가 있는지 확인해 주시겠어요?

남: 물론입니다. 빠르게 찾아보겠습니다.

어휘 grocery 식료품 order 주문(품) I'd like ~을 원하다, ~하고 싶다 take ~의 시간이 걸리다 arrive 도착하다 same-day 당일의 delivery 배송 guaranteed 보장되는 try ~을 한번 해보다 on the line 통화 중인 have A in

stock: A를 재고로 갖추고 있다 do a search 찾다

1. 남자는 어디에서 근무하는가?
(A) 식당에서
(B) 라디오 방송국에서
(C) 세탁소에서
(D) 식료품 매장에서

정답 (D)

해설 대화 초반부에 여자가 남자가 소속된 업체를 you로 지칭해 식료품 주문 사항을 배송해 준다는(~ you now deliver grocery orders) 소식을 들은 사실을 언급하고 있으므로 (D)가 정답이다.

2. 여자는 무엇에 대해 우려하는가?
(A) 서비스 비용
(B) 배송 기간
(C) 회비
(D) 좌석 수용 규모

정답 (B)

해설 여자가 우려하는 것을 묻는 문제이므로 여자의 말에서 언급되는 부정적인 정보를 찾아야 한다. 대화 중반부에 여자가 주문품이 도착하는 데 며칠씩 걸리지 않을지(~ won't the order take a few days to arrive?) 질문하는 부분이 있는데, 이는 배송 기간을 우려하는 말에 해당되므로 (B)가 정답이다.

어휘 be concerned about ~에 대해 우려하다

3. 남자는 곧이어 무엇을 할 것 같은가?
(A) 전화 돌려주기
(B) 책임자와 이야기하기
(C) 구입품 환불해주기
(D) 재고 확인하기

정답 (D)

해설 대화 후반부에 여자가 특정 파스타 소스 재고를 확인해 달라고 요청하는 것에 대해(~ could you check if you have any Roma pasta sauce in stock?) 남자가 Of course라는 말로 수락하고 있으므로 (D)가 정답이다.

어휘 **transfer a call** (다른 곳으로) 전화를 돌리다 **refund** ~을 환불해주다 **purchase** 구입(품) **inventory** 재고 (목록)

Paraphrase check if you have any Roma pasta sauce in stock → Check an inventory

Questions 4-6 refer to the following conversation.

> W: Hi, **4** I just saw some pictures of your paintings online, and I'm very impressed with your talent. In fact, I'd like to buy one for my new apartment. **5** I found your mobile number on your Web site, so I thought I'd call you directly.
>
> M: Yes, thanks for calling. Which artwork are you interested in?
>
> W: The largest one, which shows a beautiful view of the ocean. It would look fantastic on the wall in my new dining room.
>
> M: Oh, **6** I'm afraid the largest artwork has already been sold. I do have some smaller ones that are quite similar in style. If you'd like to drop by my art studio, I can let you have a look at them.

여: 안녕하세요, 제가 온라인으로 귀하의 그림을 찍은 몇몇 사진들을 막 봤는데, 그 재능에 매우 깊은 인상을 받았습니다. 실은, 새로운 제 아파트에 놓을 것을 하나 구입하고 싶습니다. 귀하의 웹 사이트에서 귀하의 휴대전화 번호를 발견해서, 직접 전화하는 게 좋겠다고 생각했습니다.

남: 네, 전화 주셔서 감사합니다. 어느 미술품에 관심이 있으신가요?

여: 아름다운 바다 경치를 보여주는 가장 큰 것이요. 새로운 제 식사 공간의 벽에 걸면 환상적일 것 같아요.

남: 아, 유감이지만 가장 큰 미술품은 이미 판매되었습니다. 스타일이 꽤 비슷하면서 더 작은 것들도 분명 있습니다. 제 화실에 들러 보고 싶으시면, 그것들을 한번 보여 드릴 수 있습니다.

어휘 **painting** 그림 **be impressed with** ~에 깊은 인상을 받다 **talent** 재능, 재주 **directly** 곧바로, 직접 **look +** 형용사: ~하게 보이다 **I'm afraid (that)** (부정적인 일에 대해) 유감이지만 ~입니다, ~한 것 같습니다 **quite** 꽤, 상당히 **similar** 비슷한 **drop by** ~에 들르다 **let A do:** A에게 ~하게 하다 **have a look at** ~을 한번 보다

4. 남자는 누구일 것 같은가?

(A) 투어 가이드
(B) 미술 평론가
(C) 매장 점원
(D) 화가

정답 (D)

해설 대화 시작 부분에 여자가 상대방의 그림을 찍은 사진을 본 사실과 함께 그 재능에 깊은 인상을 받았다고(~ I just saw some pictures of your paintings online, and I'm very impressed with your talent) 말하고 있다. 따라서 남자는 그림을 그리는 사람임을 알 수 있으므로 (D)가 정답이다.

어휘 **critic** 평론가 **clerk** 점원

5. 여자는 어디서 남자의 연락처를 구했는가?

(A) 기사에서
(B) 안내 책자에서
(C) 웹 사이트에서
(D) 친구에게서

정답 (C)

해설 대화 초반부에 여자가 상대방의 웹 사이트에서 휴대전화 번호를 발견했다고(I found your mobile number on your Web site ~) 말하고 있으므로 (C)가 정답이다.

어휘 **contact information** 연락처 **brochure** 안내 책자

6. 남자의 말에 따르면, 가장 큰 미술품에 어떤 문제가 있는가?

(A) 손상되었다.
(B) 걸어 놓기에 너무 무겁다.
(C) 더 이상 구매할 수 없다.
(D) 가격이 올랐다.

정답 (C)

해설 가장 큰 그림과 관련된 정보가 제시되는 대화 후반부에, 남자가 가장 큰 그림이 이미 판매되었다고(~ I'm afraid the largest artwork has already been sold) 알리고 있다. 이는 구매할 수 없다는 뜻이므로 (C)가 정답이다.

어휘 **damaged** 손상된, 피해를 입은 **too A to do:** ~하기에는 너무 A하다 **no longer** 더 이상 ~ 않다 **available** 구매 가능한, 이용 가능한 **increase** 오르다, 증가하다

Paraphrase has already been sold → no longer available

Questions 7-9 refer to the following conversation and recipe.

M: Hi, Ursula. As you know, `7` we're adding many new items to our menu here at the smoothie shop in April. So, I came up with a new type of smoothie, and I'd like you to try it.

W: I'd love to! Mmm... it tastes fantastic, Jeff. It reminds me a little of our banana milkshake, but this is more delicious. Did you change something?

M: Yes, I didn't want it to be too thick, so `8` I decreased the amount of yogurt in the recipe.

W: It's perfect, and `9` I'm sure our customers will agree. Actually, how about letting some of them taste it and getting their opinions?

남: 안녕하세요, 어슬라 씨. 아시다시피, 우리가 4월에 이곳 우리 스무디 매장의 메뉴에 많은 신규 품목을 추가합니다. 그래서, 제가 새로운 종류의 스무디를 생각해 냈는데, 당신이 한번 맛을 봐주셨으면 해요.

여: 꼭 그렇게 해 보고 싶어요! 음… 환상적인 맛이네요, 제프 씨. 약간 우리 바나나 밀크쉐이크가 생각나긴 하지만, 이것이 더 맛있어요. 뭔가 바꾸셨나요?

남: 네, 그게 너무 걸쭉해지는 걸 원치 않아서, 조리법에서 요거트 양을 줄였어요.

여: 완벽해요, 그리고 분명 우리 고객들도 동의할 거예요. 실은, 몇 분께 맛을 보시게 한 다음에 의견을 들어 보면 어떨까요?

초코 바나나 스무디

얼린 바나나 2개
그릭 요거트 1/2 컵
무가당 우유 1 컵
코코아 파우더 2 티스푼
바닐라 추출물 1/2 티스푼

어휘 **add** ~을 추가하다 **come up with** ~을 생각해 내다
try 한번 맛 보다 **would love to do** 꼭 ~하고 싶다
taste + 형용사: ~한 맛이 나다 **remind A of B:** A에게
B를 상기시키다 **a little** 약간, 조금 **thick** 걸쭉한, 진한
decrease ~을 줄이다, 감소시키다 **recipe** 조리법 **agree**
동의하다 **how about -ing?** ~하면 어때요? **opinion** 의견
frozen 얼은 **unsweetened** 무가당의 **extract** 추출물

---

7. 4월에 업체에서 무슨 일이 있을 것인가?
  (A) 메뉴가 확대될 것이다.
  (B) 스무디 조리법이 변경될 것이다.
  (C) 신규 지점이 개장될 것이다.
  (D) 홍보 행사가 개최될 것이다.

정답 (A)

해설 '4월'이라는 시점이 언급되는 초반부에, 4월에 자신들의 스무디 매장 메뉴에 많은 신규 품목을 추가한다고(we're adding many new items to our menu here at the smoothie shop in April) 알리고 있다. 이는 메뉴의 범위가 확대된다는 뜻이므로 (A)가 정답이다.

어휘 **expand** ~을 확대하다, 확장하다 **location** 지점, 위치
promotional 홍보의 **hold** ~을 개최하다

Paraphrase are adding many new items to our menu
→ A menu will be expanded.

8. 시각자료를 보시오. 남자는 어느 분량을 변경했는가?
  (A) 1/2 컵
  (B) 1 컵
  (C) 2 티스푼
  (D) 1/2 티스푼

정답 (A)

해설 대화 중반부에 남자가 자신이 만든 제품의 조리 방법과 관련해 조리법에서 요거트 양을 줄였다고(I decreased the amount of yogurt in the recipe) 알리고 있다. 도표에서 요거트의 양이 1/2 cup Greek yogurt라고 쓰여 있으므로 (A)가 정답이다.

9. 여자는 무엇을 제안하는가?
  (A) 더 많은 재료를 주문하는 일
  (B) 고객 의견을 듣는 일
  (C) 일부 메뉴 가격을 조정하는 일
  (D) 책임자와 상의하는 일

정답 (B)

해설 대화 맨 마지막에 여자가 분명 우리 고객들도 동의할 거라는 말과 함께 몇 사람에게 맛을 보게 한 다음에 의견을 들어 보면 어떨지(I'm sure our customers will agree. Actually, how about letting some of them taste it and getting their opinions?) 묻고 있다. 따라서 고객 의견을 듣는 일을 언급한 (B)가 정답이다.

어휘 ingredient (음식) 재료 adjust ~을 조정하다, 조절하다 consult with ~와 상의하다, 상담하다 supervisor 책임자, 상사, 감독

Paraphrase opinions → feedback

Part 4

10. (B)	**11.** (A)	**12.** (D)	**13.** (D)	**14.** (B)
15. (D)	**16.** (D)	**17.** (B)	**18.** (A)	

Questions 10-12 refer to the following excerpt from a meeting.

> Good morning, and thanks for coming. The personnel manager asked me to gather you all 🔟 to explain the new employee incentives program which will be implemented from the second week of July. This program aims to encourage you all to achieve higher sales records. The most outstanding sales representatives will receive cash bonuses. From October 1 to December 31, 🔟🔟 I will be closely monitoring your sales of our state-of-the-art mobile phone to new customers, and 🔟🔟 bonuses will be given to the top three salespeople at our company banquet in January. Good luck, everyone!

안녕하세요, 그리고 와주셔서 감사합니다. 인사부장님께서 7월 둘째 주부터 시행될 새로운 직원 보상책 프로그램을 설명하기 위해 여러분 모두를 한 자리에 모으도록 저에게 요청하셨습니다. 이 프로그램은 여러분 모두에게 더 높은 판매 기록을 달성하도록 장려하는 것을 목적으로 합니다. 가장 우수한 영업 사원들은 현금 보너스를 받게 될 것입니다. 10월 1일부터 12월 31일까지, 제가 신규 고객들을 대상으로 하는 우리 최신 휴대 전화기에 대한 여러분의 판매량을 면밀히 관찰할 것이며, 보너스는 1월에 있을 우리 회사 연회에서 최고의 영업 사원 세 명에게 제공될 것입니다. 행운을 빕니다, 여러분!

어휘 personnel manager 인사부장 ask A to do: A에게 ~하도록 요청하다 gather ~을 모으다 explain ~을 설명하다 incentive 보상책 implement ~을 시행하다

aim to do ~하는 것을 목적으로 하다 encourage A to do: A에게 ~하도록 장려하다, 권장하다 achieve ~을 달성하다 sales 판매(량), 영업, 매출 outstanding 우수한 representative n. 직원 receive ~을 받다 monitor ~을 관찰하다 state-of-the-art 최신의 banquet 연회

10. 화자는 주로 무엇을 논의하고 있는가?
(A) 교육 연수
(B) 직원 보상 시스템
(C) 매장의 연례 할인 판매
(D) 회사 합병

정답 (B)

해설 담화 초반부에서 화자가 새 직원 보상책 프로그램을 설명하기 위해(~ to explain the new employee incentives program ~) 청자들을 한 자리에 모았다고 말하고 있다. 이후에 이와 관련된 설명을 계속 이어 나가고 있으므로 (B)가 정답이다.

어휘 reward 보상 annual 연례적인, 해마다의 merger 합병

Paraphrase new employee incentives program → staff reward system

11. 청자들은 무엇을 판매할 예정인가?
(A) 휴대 전화기
(B) 가정용 가전 기기
(C) 컴퓨터 부대용품
(D) 텔레비전 서비스

정답 (A)

해설 청자들의 업무 특징과 관련된 정보는 담화 중반부에 제시되는데, 화자가 직접 신규 고객들을 대상으로 하는 최신 휴대 전화기에 대한 청자들의 판매량을 면밀히 관찰할 것이라고(~ I will be closely monitoring your sales of our state-of-the-art mobile phone to new customers ~) 알리고 있다. 따라서 청자들이 휴대 전화기를 판매할 것이라는 것을 알 수 있으므로 (A)가 정답이다.

어휘 appliance (가전) 기기 accessories 부대용품

12. 1월에 무슨 일이 있을 것인가?

(A) 업체가 이전할 것이다.
(B) 신입 직원들이 일을 시작할 것이다.
(C) 새로운 제품들이 출시될 것이다.
(D) 일부 직원들에게 보너스가 지급될 것이다.

정답 (D)

해설 January는 담화 후반부에 언급되고 있다. 1월에 최고의 영업 사원 3명에게 보너스가 제공될 것이라고(~ bonuses will be given to the top three salespeople at our company banquet in January) 알리고 있으므로 (D)가 정답이다.

어휘 business 업체 relocate ~을 이전하다 launch ~을 출시하다 award ~을 주다, 수여하다

Questions 13-15 refer to the following talk.

> 13 Thank you for joining our tour of Vonokusa City's Old Town. I'll be your guide for today's tour. We'll be visiting the city's historic market and port districts, which have been the heart of this city's thriving trade industry for more than 200 years. 14 There are so many things to see and do in this area, and you may have many questions to ask. That's why I'm here. We'll kick off the tour by visiting the historic docks, and then we'll go to the open-air market that covers a few blocks. 15 We're running a little behind schedule because we're still waiting for several participants to arrive. They should be here any minute, though, so we should be able to start shortly.
>
> 저희 보노쿠사 시의 구시가지 견학에 함께 해 주셔서 감사드립니다. 제가 오늘 견학의 가이드가 될 것입니다. 우리는 도시의 역사적인 시장과 항구 구역을 방문할 예정인데요, 이곳들은 200년 넘게 이 도시에서 번성했던 무역 업계의 심장부인 곳입니다. 이 구역에서 구경하거나 할 수 있는 것들이 아주 많으므로, 질문이 많으실 수도 있습니다. 그것이 바로 제가 여기 있는 이유입니다. 우리는 역사적인 부두를 방문하는 것으로 견학을 시작할 것이며, 그 후 몇 블록에 걸쳐 있는 노천 시장으로 갈 것입니다. 우리가 일정에 조금 뒤처져 있는데, 이것은 우리가 여전히 몇몇 참가자들이 도착하기를 기다리고 있기 때문입니다. 하지만 금방 그들이 이곳으로 오실 것이므로, 곧 출발할 수 있을 것입니다.

어휘 join ~에 함께 하다, 합류하다 historic 역사적인 port 항구 district 구역, 지구 thriving 번성하는 trade 무역 industry 업계 kick off ~을 시작하다, 출발하다 by (방법) ~하는 것으로, ~함으로써 dock 부두 then 그 후에, 그런

다음 open-air market 노천 시장, 야외 시장 cover (장소 등) ~을 잇다, 이어지다 behind schedule 일정에 뒤처진 several 몇몇의, 여럿의 participant 참가자 arrive 도착하다 any minute 금방 though (문장 중간이나 끝에서) 하지만 be able to do ~할 수 있다 shortly 곧, 머지 않아

13. 청자들은 누구일 것 같은가?
  (A) 역사 연구가들
  (B) 시 관계자들
  (C) 시장 노점 상인
  (D) 견학 그룹 구성원들

정답 (D)

해설 화자가 담화를 시작하면서 Thank you for joining our tour of Vonokusa City's Old Town이라는 말로 견학에 함께 하는 것에 대해 청자들에게 감사의 인사를 전하고 있으므로 (D)가 정답이다.

어휘 historical 역사의, 역사와 관련된 researcher 연구자 official 관계자, 당국자 vendor 노점 상인

14. 화자가 "그것이 바로 제가 여기 있는 이유입니다"라고 말할 때 그 말의 속뜻은 무엇인가?
  (A) 청자들에게 그룹 내에 모여 있도록 요청하고 있다.
  (B) 기꺼이 청자들의 질문에 답변해 줄 것이다.
  (C) 청자들에게 자신을 따라오도록 장려하고 있다.
  (D) 청자들이 향후에 다시 들러 주기를 바란다.

정답 (B)

해설 담화 중반부에 청자들이 해당 구역에서 보고 할 수 있는 것이 많아 질문이 많을 수도 있다고(There are so many things to see and do in this area, and you may have many questions to ask) 말한 후에 "그것이 바로 제가 여기 있는 이유입니다"라고 말하고 있다. 이는 청자들이 질문할 내용에 대해 답변해 주겠다는 뜻이므로 (B)가 정답이다.

어휘 ask A to do: A에게 ~하도록 요청하다 stay in ~ 내에 머물러 있다 be happy to do 기꺼이 ~하다 encourage A to do: A에게 ~하도록 장려하다, 권장하다 follow ~을 따라오다 stop by ~에 들르다

15. 화자에 따르면, 왜 지연이 있는가?

(A) 날씨가 좋지 못하다.

(B) 한 레스토랑이 초과 예약되어 있다.

(C) 한 거리가 방문객들에게 폐쇄되어 있다.

(D) 몇몇 사람들이 아직 도착하지 않았다.

정답 (D)

해설 지연 문제가 언급되는 후반부에 일정이 뒤처진 사실과 함께 그 이유로 여전히 몇몇 참가자들이 도착하기를 기다리고 있기 때문이라고(We're running a little behind schedule because we're still waiting for several participants to arrive) 말하고 있으므로 (D)가 정답이다.

어휘 **overbooked** 초과 예약된 **closed to** ~에게 폐쇄된

Paraphrase behind schedule → delay

still waiting for several participants to arrive

→ Some people haven't arrived yet.

Questions 16-18 refer to the following telephone message and coupon.

Hi, Joseph, this is Melissa with some updates on 16 the dinner party we're planning for the company's 10th anniversary. We've settled on having it on January 12, and 17 so far 30 people have said that they're coming. I looked at the coupon you gave me, though, and it turns out we won't be able to use it. It might be a good idea to look for another venue besides Napoli's. Oh, and I'm still working on the slideshow that will play during the dinner, so 18 could you send me the old photos from the company's opening day? I'll talk to you later!

안녕하세요, 죠셉, 저는 회사의 설립 10주년 기념일을 위해 우리가 계획하고 있는 저녁 만찬 파티에 관한 소식을 전해 드리기 위한 연락 드린 멜리사입니다. 우리는 이 행사를 1월 12일에 열기로 정했었는데, 지금까지 30명의 사람들이 참석하시겠다고 말씀해 주셨습니다. 당신께서 제게 주신 쿠폰을 확인해 봤는데, 그것을 사용할 수 없는 것으로 드러났습니다. 나폴리 레스토랑 외에 다른 행사 장소를 찾아보는 것이 좋은 생각일 듯합니다. 아, 그리고 제가 여전히 이번 만찬 행사에서 보여 드릴 예정인 슬라이드 쇼 작업을 하는 중이기 때문에 회사가 문을 연 날에 찍은 과거의 사진들을 좀 보내 주시겠어요? 그럼 나중에 또 얘기해요!

나폴리 이탈리안 레스토랑
"진짜 이탈리아의 맛"

15% 할인 (20명 이하 단체)
– 3시간 동안 개별 식사 공간 이용 가능

만료일: 1월 15일
모든 지점 사용 가능

어휘 **updates** 새로운 소식 **anniversary** (해마다 돌아오는) 기념일 **settle on** ~으로 결정하다 **so far** 지금까지 **though** (문장 끝이나 중간에서) 하지만 **it turns out (that)** ~한 것으로 드러나다, 판명되다 **be able to do** ~할 수 있다 **It might be a good idea to do** ~하는 것이 좋은 생각일 것이다 **another** 또 다른 하나의 **venue** 행사 장소 **besides** ~ 외에 **work on** ~을 맡아 작업하다 **slideshow** 슬라이드 쇼 **play** 재생하다, 틀어 주다 **opening day** 개업일, 개장일, 개막일 **private** 개별적인, 사적인 **available** 이용 가능한 **expiration date** 유효 기한, 만료일 **usable** 사용 가능한 **location** 지점, 위치

16. 행사가 왜 개최되는가?

(A) 제품을 출시하기 위해

(B) 신입 사원들을 환영하기 위해

(C) 뛰어난 사람들에게 상을 주기 위해

(D) 기념일을 축하하기 위해

정답 (D)

해설 행사 개최 목적을 묻고 있으므로 담화에 특정 행사가 개최된다는 사실과 함께 그 이유가 함께 제시될 것임을 예상하고 들어야 한다. 담화 시작 부분에 회사의 설립 10주년 기념일을 위해 계획하고 있는 저녁 만찬 파티라고(the dinner party we're planning for the company's 10th anniversary) 언급하고 있으므로 (D)가 정답임을 알 수 있다.

어휘 **hold** ~을 개최하다, 열다 **release** ~을 출시하다 **award** ~에게 상을 주다 **outstanding** 뛰어난, 훌륭한 **individual** 개인, 사람 **celebrate** ~을 기념하다, 축하하다

17. 시각자료를 보시오. 화자는 왜 행사를 위해 쿠폰을 사용할 수 없는가?

(A) 행사가 다른 장소에서 열릴 것이다.

(B) 행사에 참석하는 사람들이 너무 많을 것이다.

(C) 행사가 너무 오래 지속될 것이다.

(D) 행사가 유효 기간 이후에 열릴 것이다.

정답 (B)

해설 쿠폰을 사용할 수 없는 이유를 묻고 있으므로 쿠폰에 제시된 할인 조건이나 유효 기간 등의 정보를 미리 확인해 둔 후 담화 중에 일치하지 않는 사항이 제시되는 부분을 찾아야 한다. 화자는 담화 중반부에 30명의 사람들이 참석 의사를 밝혔다고 알리면서(so far 30 people have said that they're coming) 쿠폰을 사용할 수 없을 것 같다고 말하고 있다. 시각 자료에서 할인 조건이 20명 이하의 단체 고객으로 되어 있으므로 인원수와 관련된 문제점을 말한 (B)가 정답이다.

어휘 **take place** (행사 등이) 열리다, 개최되다 **in attendance** 참석한 **last** 지속되다

18. 화자는 청자에게 무엇을 하도록 요청하는가?

(A) 몇몇 사진들을 보낼 것

(B) 메뉴를 나눠 줄 것

(C) 물품을 구입할 것

(D) 목록을 업데이트할 것

정답 (A)

해설 화자가 요청하는 내용을 찾아야 하므로 화자의 말에서 요청 관련 표현이 제시되는 부분에 단서를 찾아야 한다. 담화의 후반부에 회사가 문을 연 날에 찍은 과거의 사진들을 좀 보내 달라고(could you send me the old photos ~) 요청하고 있으므로 (A)가 정답이다.

어휘 **distribute** ~을 나눠 주다, 배부하다 **supplies** 물품, 용품

Day 03 Part 5, 6 실전 연습

Part 5

1. (A)	**2.** (A)	**3.** (B)	**4.** (A)	**5.** (C)
6. (C)	**7.** (D)	**8.** (B)	**9.** (A)	**10.** (D)
11. (D)	**12.** (D)	**13.** (A)	**14.** (C)	**15.** (D)
16. (C)				

1.

정답 (A)

해석 서던 아시아 항공사는 비행기가 일정보다 한 시간 연착된 것과 그로 인해 초래되었을 모든 불편에 대해 승객들에게 사과했다.

해설 빈칸 앞에 형용사가 있으므로 빈칸은 형용사의 수식을 받을 명사 자리이다. 따라서 (A) inconvenience가 정답이다.

어휘 **apologize to A for B** A에게 B에 대해 사과하다 **passenger** 승객 **delay** n. 지연, 연기 v. ~을 연기하다, 미루다 **inconvenience** 불편 **inconvenient** 불편한 **inconveniently** 불편하게

2.

정답 (A)

해석 모든 참가자들은 공연이 진행되는 동안 휴대폰 전원을 꺼서 다른 이들을 배려해 주시기 바랍니다.

해설 빈칸은 be동사의 보어인 형용사 자리이므로 (A) considerate 와 (D) considerable 중에서 정답을 골라야 한다. (A)는 '배려하는'이라는 뜻이고, (D)는 '상당한'이라는 뜻인데, 휴대폰 전원을 끄는 행위는 타인을 '배려하는' 것이므로 (A) considerate가 정답이다.

어휘 **attendee** 참가자 **be advised to do** ~하시기 바랍니다 **considerate** 사려 깊은, 배려하는 **turn off** 전원을 끄다 **performance** 공연, 상연

3.

정답 (B)

해석 컴퓨터가 업그레이드되었고, 직원들은 이제 새로운 3-D 제도 프로그램을 사용할 수 있을 것입니다.

해설 빈칸이 동사 앞에 있으므로 빈칸은 주어 자리이다. 따라서 주어 자리에 들어갈 수 있는 품사인 명사가 와야 한다. (B) employees와 (C) employment 중에 정답을 골라야 하는데 3-D 제도 프로그램을 사용할 수 있는 대상은 사람이므로 사람명사 (B) employees가 정답이다.

어휘 drawing 그림 그리기, 제도 employ ~을 고용하다 employee 직원, 피고용인 employment 고용

4.
정답 (A)

해석 산업 공학 컨퍼런스에 참석했던 직원들 누구도 그것이 유익했다고 느끼지 않았다.

해설 빈칸 뒤에 위치한 「of the 복수명사」의 수식을 받을 수 있는 대명사인 (A) None이 정답이다.

어휘 attend ~에 참석하다 industrial engineering 산업 공학 helpful 유익한, 도움이 되는 none 아무도 whoever ~하는 사람은 누구든

5.
정답 (C)

해석 직원들은 최근에 발표된 지사 폐쇄에 대한 문의사항을 인사부장인 힐다 구스타프손 씨에게 곧바로 보내야 한다.

해설 이 문장은 [forward A to B]의 구조로 된 문장으로, 보내는 것을 받아보는 대상 또는 도착지점 등을 나타내는 to 전치사구를 수식할 부사가 빈칸에 필요하다. 따라서 보내는 방식을 나타내어 '직접, 곧바로'라는 의미로 쓰이는 (C) directly가 정답이다.

어휘 forward A to B A를 B로 보내다, 전송하다 query 질문, 문의사항 recently 최근에 announce ~을 발표하다 directly to ~에게 직접, 곧바로 personnel manager 인사부장 precisely 정확히 tentatively 임시로 uniquely 특이하게

6.
정답 (C)

해석 수석 컨설턴트인 라미레즈 씨가 의사소통 능력 워크숍 및 인적 교류 행사들을 준비하는 일을 책임지고 있습니다.

해설 빈칸 앞에는 전치사가, 빈칸 뒤에는 명사가 있으므로 빈칸에는 전치사의 목적어 역할을 하며 빈칸 뒤 명사를 목적어로 취할 수 있는 동명사가 와야 한다. 따라서 (C) organizing이 정답이다.

어휘 be responsible for ~에 대한 책임을 지다 skill 능력, 기술 networking 인적 교류 organize ~을 준비하다, 조직하다 organization 단체, 조직

7.
정답 (D)

해석 러시든 씨가 본사에서 새로운 관리자 직책을 시작할 때쯤이면, 인사팀이 그녀를 위한 새 사무실을 준비했을 것이다.

해설 빈칸 앞에는 주어가, 빈칸 뒤에는 목적어와 전치사구만 있으므로 빈칸은 동사 자리이다. 또한 By the time이 이끄는 절의 동사가 현재시제일 때, 주절의 동사는 미래완료시제를 사용하므로 (D) will have prepared가 정답이다.

어휘 by the time ~할 때쯤 management role 관리자 직책 headquarters 본사 personnel team 인사팀 prepare A for B B를 위해 A를 준비하다

8.
정답 (B)

해석 의사에 의해 기록된 환자 의료 기록은 누구에게도 공개되지 말아야 하는 기밀 정보를 포함하고 있다.

해설 문장에 동사가 이미 있고, 빈칸 앞에 명사가 있으므로 record는 동사와 명사가 아닌 다른 형태로 쓰여야 한다. 따라서 분사의 형태로 쓰여 명사 notes를 뒤에서 수식해야 하는데, 빈칸 뒤에 목적어가 없으므로 과거분사인 (B) recorded가 정답이다.

어휘 medical note 의료 기록 physician (내과) 의사 include ~을 포함하다 confidential 기밀의 disclose ~을 공개하다, 드러내다 record v. ~을 기록하다 n. 기록

9.
정답 (A)

해석 벤틀리 씨는 다음 달에 누구든 급여 업무 책임자로 자신의 후임자가 되는 사람에게 2주간의 교육 및 지원을 제공할 것이다.

해설 빈칸 앞에 전치사가 있고, 그 뒤로 주어 없이 동사로 시작하는 불완전한 절이 있다. 따라서 불완전한 명사절을 이끌 수 있는

복합관계대명사가 필요한데, 주어로서 누군가의 후임이 되는 것은 사람이어야 하므로 사람을 나타낼 수 있는 주격 복합관계대명사 (A) whoever가 정답이다.

어휘 provide ~을 제공하다 support 지원, 지지 replace ~의 후임이 되다, ~을 대체하다 payroll 급여 대상자 명단 whoever ~하는 누구든 whichever ~하는 어느 것이든 whenever ~하는 언제든 wherever ~하는 어디든

10.

정답 (D)

해석 오직 8세에서 15세 사이의 음악인들만 도시 축제의 음악 경연대회에 참가할 자격이 있습니다.

해설 빈칸 앞뒤에 각각 위치한 be동사 및 to부정사와 어울리는 형용사로서 '~할 자격이 있다'라는 의미를 나타낼 때 사용하는 (D) eligible이 정답이다.

어휘 aged A 나이가 A인 between A and B A와 B 사이에 enter ~에 참가하다 competition 경연대회 fair 축제, 박람회 accessible 이용 가능한 variable 변동이 심한 capable ~할 수 있는 eligible 자격이 있는

11.

정답 (D)

해석 저희는 귀하의 견적 요청서를 받았으나, 서명 없이는 이를 처리할 수 없습니다.

해설 빈칸 앞뒤의 두 절을 자연스럽게 연결하는 접속사를 골라야 한다. '귀하의 견적 요청서를 받았다'라는 절과 '서명 없이는 처리할 수 없다'라는 의미를 지닌 절은 상반된 내용이므로 '그러나'를 의미하는 (D) but이 정답이다.

어휘 estimate 견적(서) request 요청(서) be unable to do ~할 수 없다 process 처리하다 signature 서명 while ~하는 동안 then 그러고 나서

12.

정답 (D)

해석 파이브스타 케이터링 사는 질 높은 음식으로 잘 알려져 있지만, 최근에 방문했던 몇몇 고객들은 제공된 음식에 만족하지 못했다.

해설 빈칸 뒤로 콤마를 통해 두 개의 절이 연결되어 있으므로 빈칸은 접속사 자리이다. 음식의 질이 높은 것으로 유명하다는 내용과 최근에 고객들이 만족하지 못했다는 내용은 대조적인 의미를 나타내므로 '~이지만, ~인 한편'이라는 의미로 쓰이는 (D) While이 정답이다.

어휘 be known for ~로 유명하다 high-quality 질 높은 recent 최근의 be dissatisfied with ~에 불만족하다 however 하지만 as if 마치 ~인 것처럼

13.

정답 (A)

해석 피드백에 따르면, 월간 경제 잡지를 정기 구독하는 거의 모든 독자들이 새로운 지면 배치 방식이 혼란스럽다고 생각한다.

해설 빈칸 앞에 타동사가 있고, 빈칸 뒤에 있는 절은 타동사의 목적어 역할을 해야 한다. 따라서 목적어절을 이끌 수 있는 명사절 접속사 (A) that이 정답이다.

어휘 show that ~라는 것을 보여주다 subscriber (정기) 구독자 monthly 월간의 economics 경제 layout 지면 배치 confusing 혼란스럽게 만드는

14.

정답 (C)

해석 대학교의 모든 교수 계약서는 서명을 하고 영업일 기준으로 5일 이내에 학장 사무실로 보내야 합니다.

해설 빈칸 다음에 숫자와 함께 기간을 나타내는 표현이 있는데 문장의 의미로 보아 계약서에 서명하고 돌려보내는 데 필요한 기간임을 알 수 있다. 따라서 '~이내에'라는 뜻으로 쓰이는 (C) within이 정답이다.

어휘 teaching 교수 contract 계약(서) return ~을 돌려보내다 dean 학과장 business day 영업일, 평일 until ~까지 now that ~이므로

15.

정답 (D)

해석 예산이 감소했음에도, 의료보장제도는 여전히 오스트레일리아의 모든 저소득층 국민들이 이용할 수 있다.

해설 예산이 줄어든 것과 모든 사람들이 혜택을 받는다는 것은 서로 상반된 내용이다. 따라서 빈칸에는 양보의 의미를 가지는 전치사가 필요하므로 '~에도 불구하고'라는 의미를 가지는 (D) Despite가 정답이다.

어휘 reduction 감소, 감축 budget 예산 healthcare
의료보장 still 여전히 be available to ~가 이용할 수 있다
low-income 저소득층의 resident 주민 whether ~인지
thus 그리하여, 따라서 either (둘 중) 어느 하나의

16.

정답 (C)

해석 위더비 지역의 정규 버스 서비스가 모든 도로에서 눈이 치워질 때까지 재개되지 않을 것이다.

해설 빈칸 앞뒤로 절이 위치해 있으므로 접속사인 (C) until이 정답이다.

어휘 regular 정규의, 규칙적인 resume ~을 재개하다
be cleared of ~를 치우다 prior 사전에 until ~까지

Part 6

17. (D)	18. (A)	19. (A)	20. (D)	21. (D)
22. (B)	23. (C)	24. (D)		

17-20.

수신: 비제이 샤르마
발신: 세이라인 믹스
날짜: 1월 7일

안녕하세요 비제이

곧 있을 당신의 **17** 승진에 관해 방금 들었습니다. 시카고 공장의 운영부장으로서 당신의 새로운 직책이 공식적으로 3월 1일에 **18** 시작될 것으로 알고 있지만, 제가 당신에게 축하 인사를 건네는 첫 번째 사람이 되고 싶었습니다! 그곳으로 전근해 더 많은 직무를 맡는 일은 **19** 어려울 수도 있지만, 어떤 도움이든 필요하실 경우에 주저하지 마시고 제게 전화 주시기 바랍니다. 당신은 이곳 DCA 주식회사의 디트로이트 공장에서 생산부 차장으로서 훌륭히 업무를 수행하셨습니다. **20** 저는 당신이 시카고에서 계속해서 성공을 거두시리라 확신합니다. 당신의 미래에 행운이 가득하기를 바랍니다!

안녕히 계십시오.

세이라인 믹스

어휘 upcoming 곧 있을, 다가오는 realize that ~임을 알게

되다, 깨닫다 formally 공식적으로 congratulate ~에게 축하 인사를 하다 assume ~을 맡다 responsibility 직무, 책무 hesitate to do ~하기를 주저하다 assistance 도움 perform 업무를 수행하다, 일을 해 내다 exceptionally 훌륭히, 뛰어나게 All the best for ~에 대해 행운을 빕니다

17.

정답 (D)

해설 빈칸 뒤에 이어지는 내용을 보면, 상대방이 앞으로 맡게 될 새로운 직책과 관련해 축하 인사를 하는 내용이 제시되어 있다. 이는 '승진'에 해당되는 일을 나타내는 것이므로 (D) promotion이 정답이다.

어휘 presentation 발표(회), 제시, 제출 inspection 점검, 검사 collaboration 협업, 공동 작업 promotion 승진

18.

정답 (A)

해설 빈칸이 속한 that절 내에서 빈칸 앞뒤로 명사구와 전치사구만 있으므로 빈칸은 that절의 동사 자리임을 알 수 있다. 따라서 (A) begins와 (C) has begun 중에서 하나를 골라야 하는데, 빈칸 뒤에 제시된 March 1은 이메일 작성 날짜보다 미래에 해당되므로 현재시제로 미래를 나타낼 수 있는 (A) begins가 정답이다.

19.

정답 (A)

해설 빈칸에 쓰일 형용사는 주어인 '자리를 옮겨 더 많은 일을 맡는 것'의 특성을 나타내는 보어에 해당된다. 이와 같은 일은 '어려운, 힘든' 일로 생각할 수 있으므로 (A) challenging이 정답이다.

어휘 challenging 어려운, 힘든 distinctive 독특한 tentative 잠정적인, 임시의 rewarding 보람 있는

20.

정답 (D)

해석 (A) 그 사이에, 저희 시설을 마음껏 둘러 보시기 바랍니다.
(B) 지원 가능한 그 직책에 대한 제 관심을 표명하고자 합니다.

(C) 이 신입 사원들을 모집하는 데 도움을 주셔서 감사 드립니다.

(D) 저는 당신이 시카고에서 계속해서 성공을 거두시리라 확신합니다.

해설 빈칸 앞뒤에서 각각 그 동안 훌륭히 일을 해 왔다는 말과 함께 행운을 빌어 주는 말이 제시되어 있으므로 앞으로의 성공을 언급하는 내용을 담은 (D)가 정답이다.

어휘 in the meantime 그러는 동안, 그 사이에 look around ~을 둘러보다 facility 시설 interest in ~에 대한 관심 available 이용 가능한 recruit ~을 모집하다 be confident that ~임을 확신하다 succeed 성공하다 firm 회사

21-24.

엠포리움 뮤직 스토어에 등장할 음악가

덴버 (3월 21일) - 엠포리움 뮤직 스토어의 소유주인 피터 왓슨 씨는 록 그룹 '오렌지 트레인'의 리드 보컬인 랜디 스미스 씨를 **21** 인터뷰할 것이라고 발표했다. 이 행사는 3월 29일 토요일 오후 4시에 엠포리움 뮤직 스토어에서 **22** 열릴 것이다. 이는 공개 행사로 진행될 예정이므로 200명의 인원이 참석할 수 있다. 대화가 끝나는 대로, 랜디 스미스 씨는 새 솔로 앨범인 '킵 온 록킹'에 수록된 두 가지 노래도 부를 예정이다.

23 랜디 스미스 씨는 지난 수년 간 높이 평가 받는 음악가가 되었다. 오렌지 트레인과의 작업뿐만 아니라 그의 솔로 작품도 음악적 탁월함으로 인해 지속적으로 찬사를 받고 있다. <롤앤롤 위클리>지의 편집장인 샐리 마틴 씨는 그의 최신 앨범을 '분명 수많은 상을 수상하게 될 음악 천재의 아주 멋진 **24** 업적'이라고 불렀다.

어휘 appear 등장하다, 나타나다 owner 소유주 announce that ~라고 발표하다, 알리다 open 공개의 attend ~에 참석하다 finish ~을 끝내다 also 또한 a couple of 두 개의 as well as ~뿐만 아니라 constantly 지속적으로 hail ~을 찬사하다 brilliance 탁월함 editor 편집장 recent 최근의 brilliant 멋진, 탁월한 genius 천재 be sure to do 분명 ~하다 win ~을 수상하다 numerous 수많은 award 상

21.

정답 (D)

해설 빈칸 뒤에 이어지는 문장들을 보면, 랜디 스미스라는 사람을

초청하는 행사가 언급되어 있고, 이 행사에서 이야기를 하고 노래도 몇 곡 부를 것이라고 되어 있다. 따라서 유명 인사와 이야기를 나누는 일과 관련된 동사가 필요하므로 '~를 인터뷰하다'를 뜻하는 (D) interview가 정답이다.

어휘 recommend ~을 추천하다 collaborate 협업하다, 공동 작업하다 replace ~을 대체하다 interview ~를 인터뷰하다

22.

정답 (B)

해설 빈칸이 속한 문장에서 행사 날짜로 제시된 March 29는 이 기사가 실린 날짜인 March 21보다 미래이므로 미래시제인 (B) will take place가 정답이다.

어휘 take place (행사 등이) 개최되다, 발생되다

23.

정답 (C)

해석 (A) '킵 온 록킹'은 대부분의 평론가들로부터 혹평을 받았다.
(B) 엠포리움 뮤직 스토어는 오렌지 트레인의 콘서트를 주최할 계획이다.
(C) 랜디 스미스 씨는 지난 수년 간 높이 평가 받는 음악가가 되었다.
(D) 예약을 원하시는 분들께서는, 저희에게 555-1030으로 전화 주시기 바랍니다.

해설 빈칸 다음에 랜디 스미스라는 사람이 음악인으로서 이룬 뛰어난 성과를 언급하는 내용이 제시되어 있다. 따라서 '높이 평가 받는 음악가'라는 말로 랜디 스미스의 훌륭함을 설명한 (C)가 정답이다.

어휘 harsh 가혹한 review 평가, 후기 critic 평론가 plan to do ~할 계획이다 host ~을 주최하다 highly-regarded 높이 평가 받는 make a reservation 예약하다

24.

정답 (D)

해설 빈칸에 들어갈 명사는 동사 called의 간접 목적어로서 직접 목적어인 album과 동격이 되어야 하므로 '업적'을 뜻하는 명사인 (D) achievement가 정답이다.

어휘 achiever 성공한 사람 achieve ~을 달성하다, 성취하다 achievable 성취할 수 있는 achievement 업적, 성취

Day 04 Part 5, 6 실전 연습

Part 5

1. (B)	2. (D)	3. (B)	4. (A)	5. (C)
6. (D)	7. (C)	8. (B)	9. (D)	10. (C)
11. (D)	12. (B)	13. (B)	14. (B)	15. (A)
16. (A)				

1.
정답 (B)

해석 마케팅 캠페인 후에, 스탠리필드 놀이공원은 전에 그랬던 것보다 훨씬 더 많은 관람객들을 끌어들였다.

해설 빈칸 앞에 타동사가 있으므로 빈칸은 타동사의 목적어 자리이다. 따라서 명사가 빈칸에 와야 하는데 놀이공원이 끌어들이는 대상은 사람이므로 사람명사 (B) visitors가 정답이다.

어휘 attract ~을 끌어들이다, 관심을 끌다 previously 예전에 visit v. 방문하다 n. 방문 visitor 방문객

2.
정답 (D)

해석 환경 보고서는 슈퍼마켓에서 제공하는 재생 쇼핑백이 쓰레기 매립지의 폐기물 양을 감소시키는 결과를 가져왔다고 밝히고 있다.

해설 빈칸이 관사와 명사 사이에 있으므로 빈칸은 명사를 수식할 형용사 자리이다. 따라서 (D) reusable이 정답이다.

어휘 environmental 환경의 reveal ~라고 알리다, 보여주다 lead to ~에 이르다 decrease in ~의 감소 amount 양 waste 쓰레기, 폐기물 landfill 쓰레기 매립지 reuse ~을 재사용하다 reusable 재사용이 가능한

3.
정답 (B)

해석 제이든 씨는 팀 내부의 효율적 자원 활용과 생산 방법이 제품이 상업적으로 성공할 수 있도록 만들 것이라고 확신했다.

해설 빈칸 앞에 5형식 타동사 make와 목적어, 형용사 목적격보어

가 나란히 제시되어 있으므로 빈칸은 형용사를 수식할 부사 자리이다. 따라서 (B) commercially가 정답이다.

어휘 be convinced that ~라는 것에 확신하다 efficient 효율적인 usage 활용, 이용 method 방법 production 생산 product 제품 viable 실행 가능한, 성공 가능한 commercial a. 상업적인 n. 광고 commercially 상업적으로 commercialize ~을 상업화하다

4.
정답 (A)

해석 다음 주에 열리는 컨퍼런스에 참석하기를 바라는 직원은 누구든 프라사드 씨에게 205-8789번으로 전화해야 한다.

해설 빈칸 다음에 가산명사의 단수형이 있으므로 단수 가산명사와 사용할 수 있는 (A) Any가 정답이다.

어휘 wish to do ~하기를 바라다 participate in ~에 참석하다 call ~에게 전화하다

5.
정답 (C)

해석 칼 인터네셔널 사의 대표이사는 회사가 더 집중적인 유통을 통해 시장 점유율을 높일 수 있을 것이라 믿고 있다.

해설 기업이 제품 유통을 통해 시장에서 차지하는 share(몫)를 market share라고 한다. '시장 점유율'이라는 뜻을 갖는 복합명사이므로 (C) market이 정답이다.

어휘 increase ~을 올리다, 증대하다 market share 시장 점유율 through ~을 통해서 intensive 집중적인 distribution 유통 marketability 시장성 market n. 시장 v. 제품 판매 활동을 벌이다

6.
정답 (D)

해석 밋첨스 백화점에 지역 내 자격 있는 사람들을 대상으로 하는 관리직 공석이 있다.

해설 빈칸 앞에 위치한 명사 employment는 불가산명사이므로 빈칸 앞의 부정관사 a와 쓰이려면 빈칸에 가산명사가 들어가 복합명사를 구성해야 알맞다. 따라서 가산명사인 (D) opening이 정답이다.

어휘 managerial 관리의, 운영의 employment 일자리, 고용, 직업 qualified 자격이 있는, 적격인 individual 사람, 개인

opening 공석, 빈자리

7.

정답 (C)

해석 전기 헤어 드라이기의 환불을 요청하길 원하시는 분은 첨부된 설명서를 주의하여 따르십시오.

해설 빈칸이 관사와 명사 사이에 있으므로 빈칸은 명사를 수식할 형용사 자리이다. 따라서 형용사 역할을 할 수 있는 분사 (C) attached가 정답이다.

어휘 carefully 주의하여 follow ~을 따르다 instructions 설명(서), 지시 electric 전기의 ask for ~을 요구하다 refund 환불 attach ~를 첨부하다 attached 첨부된

8.

정답 (B)

해석 저희 버던트 호텔은 숙박을 더욱 즐겁게 만들어 드리기 위해 저희 손님들께 기꺼이 도움을 드립니다.

해설 빈칸 앞에 위치한 willing은 to부정사와 어울려 쓰이는 형용사 이므로 (B) to assist가 정답이다.

어휘 be willing to do 기꺼이 ~하다 stay n. 숙박 enjoyable 즐거운 assist ~을 돕다

9.

정답 (D)

해석 심각한 가뭄이 있었기 때문에, 작년에 아시아의 이 지역에서 견과류 생산량이 줄었다.

해설 빈칸 다음에 주어와 동사가 포함된 절이 있으므로 빈칸에 접속사가 필요하다. 따라서 선택지에서 유일한 접속사인 (D) because가 정답이다.

어휘 production 생산 region 지방, 지역 decrease 감소하다 severe 극심한 drought 가뭄 following ~후에 due to ~ 때문에

10.

정답 (C)

해석 회사는 돕슨 씨를 위해 비즈니스 클래스 항공권 한 장을, 샐먼 씨를 위해 또 한 장을 예약할 것이다.

해설 빈칸에는 돕슨 씨에게 제공되는 비즈니스 클래스 항공권 한 장과 같은 종류의 것으로 샐먼 씨에게도 제공되는 것을 나타낼 대명사가 필요하다. 따라서 one과 짝을 이뤄 같은 종류의 또 다른 하나를 가리킬 때 사용하는 부정대명사 (C) another가 정답이다.

어휘 reserve ~을 예약하다 those ~하는 사람들 another 또 다른 하나

11.

정답 (D)

해석 보고서 작성을 위해서, 조슈아 씨는 회사가 외주와 해외 투자에 지나치게 의존하고 있는 것을 증명할 통계수치가 필요했다.

해설 빈칸 앞에 be동사와 부사가 있으므로 빈칸은 부사의 수식을 받을 형용사 자리이다. 선택지에 두 개의 형용사가 있는데 (C) dependable은 '믿을 만한'이라는 뜻이고, (D) dependent 는 '의존하는'이라는 의미인데, 외주와 해외투자에 지나치게 '의존한다'라는 의미가 적절하므로 (D) dependent가 정답이다.

어휘 statistics 통계, 통계수치 prove that ~임을 증명하다 heavily 지나치게, 매우 dependent on ~에 의존한 outsourcing 아웃소싱 foreign 외국의 investment 투자 depend 의존하다

12.

정답 (B)

해석 신임 대표이사 홀 씨는 공정한 판단력과 직원들의 역량을 최대로 이끌어 내는 능력으로 잘 알려져 있다.

해설 빈칸 뒤에 A and B의 구조가 이어지고 있으므로 'A와 B 모두' 를 의미하는 상관접속사 both A and B를 묻는 문제라는 것을 알 수 있다. 따라서 (B) both가 정답이다.

어휘 incoming 새로 선출된 be known for ~로 알려져 있다 level head 공정한 판단력 get the best out of ~을 최대한 활용하다 rather 오히려, 차라리

13.

정답 (B)

해석 한정된 공간 때문에, 사무용품들은 직원들이 사무실 내에 그것들을 둘 수 있는 곳이면 어디든지 보관되어야 합니다.

해설 빈칸 앞에는 수동태 동사가 쓰인 절이, 빈칸 뒤에는 완전한 문

장이 제시되어 있다. 따라서 빈칸 이하의 부분을 부사절로 만들 복합관계사가 필요한데, 빈칸 이하의 절도 완전하므로 복합관계부사인 (B) wherever가 정답이다.

어휘 **due to** ~ 때문에 **limited** 제한된 **store** ~을 저장하다, 보관하다 **office supplies** 사무용품 **fit** ~을 (…에) 맞게 하다

14.

정답 (B)

해석 기온이 몹시 높았음에도, 수천 명이 시에서 열리는 마라톤을 보기 위해 나왔다.

해설 빈칸 다음에 명사구가 있으므로 빈칸은 전치사 자리이다. 매우 높은 기온과 '상관없이'라는 의미가 되는 것이 자연스러우므로 (B) Regardless of가 정답이다

어휘 **extremely** 극도로, 매우 **temperature** 기온, 온도 **turn out** 나타나다, 모습을 드러내다 **marathon** 마라톤 **regardless of** ~와 상관없이

15.

정답 (A)

해석 뉴스 미디어 사는 경쟁사 인수를 계속 추구하는 것이 자사의 이해에 아주 부합하지 않는다는 결정을 내렸다.

해설 동사 determine 뒤에 빈칸과 절이 있으므로 빈칸은 명사절 접속사 자리이다. 따라서 (A) that이 정답이다.

어휘 **determine that** ~라는 결정을 내리다 **in its best interests** 이해에 아주 부합하는 **pursue** ~을 추구하다 **acquisition** (기업) 인수 **rival company** 경쟁 회사

16.

정답 (A)

해석 고위직에 속한 특정 그룹의 직원들 외에는 누구도 회사의 메인 서버 룸에 접근하는 것이 허용되지 않는다.

해설 빈칸 앞뒤로 대명사와 명사구가 있으므로 빈칸에는 이 둘을 연결시킬 전치사가 와야 한다. 빈칸 다음에 제시된 사람들은 제외 대상인 것으로 판단할 수 있으므로 '~을 제외하고'라는 의미로 쓰이는 (A) except가 정답이다.

어휘 **select** 선택된, 지정된 **high-level** 고위의 **be permitted to do** ~하는 것이 허용되다 **access** ~에 접근하다 **except** ~을 제외하고 **nevertheless** 그럼에도 불구하고

regarding ~와 관련해

Part 6

17. (A)	18. (B)	19. (B)	20. (C)	21. (B)
22. (A)	23. (D)	24. (C)		

17-20.

12월 17일
그레타 멀루프 씨
ICIS 엔지니어링
450번지 펀 스트리트
포트랜드, 오리건 주 97232

멀루프 씨에게,

지난 금요일에 당신을 만날 수 있는 기회를 제게 주셔서 감사합니다. 저는 전기 공학 분야에서 존경 받는 전문가와 제 직업 선택에 대해 이야기할 수 있는 기회를 가진 것에 **17** 감사했습니다. 또한 제가 지원하려고 하는 회사들에 대한 더 많은 정보를 제공해주시겠다는 귀하의 제안을 받아들이고 싶습니다. **18** 저는 이 편지에 그 회사들의 목록을 동봉했습니다. 아시다시피, 저는 명성 있는 회사에서 제 연구 기술을 발전시키는 것 **19** 에 특히 관심이 있습니다. 제 궁극적인 목표는 창조적인 제품 설계 및 개발 분야에서 일하는 것입니다. 이 때문에 저는 **20** 혁신으로 큰 명성을 지닌 회사에 매우 관심이 있습니다. 제게 도움을 주신 것에 대해 정말로 기쁘게 생각하며 귀하와 장래에 다시 얘기 나누기를 고대합니다.

어휘 **talk over** ~에 대해 이야기 하다 **established** 인정받은, 자리잡은 **professional** 전문가 **electrical** 전기의 **engineering** 공학 **field** 분야 **take A up on A's offer** A의 제안을 받아 들이다, 수락하다 **apply to** ~에 지원하다 **be interested in** ~에 관심이 있다 **especially** 특히 **further** 발전시키다 **research** 연구 **ultimate** 궁극적인 **creative** 창의적인 **product** 제품 **because of** ~ 때문에 **be pleased that** ~에 대해 기쁘다 **extremely** 매우 **assistance** 도움 **look forward to -ing** ~을 하기를 고대하다

17.

정답 (A)

해설 빈칸 앞에서 지난 금요일에 이미 만났다는 사실을 확인할 수 있으므로 빈칸에도 과거시제가 와야 한다. 선택지 중 과거시

제는 (A) appreciated와 (D) was appreciated인데, 빈칸 앞의 I가 감사하는 주체이므로 능동태 (A) appreciated가 정답이다.

어휘 appreciate ~을 고마워하다

18.

정답 (B)

해석 (A) 저는 토목 공학으로 고급 학위를 받았습니다.
 (B) 저는 이 편지에 그 회사들의 목록을 동봉했습니다.
 (C) 저는 컨템포러리 전자에서 발행된 당신의 기사를 읽었습니다.
 (D) 제가 현재 하고 있는 인턴 근무는 다음 달에 끝날 것입니다.

해설 빈칸의 앞 문장에 지원하고자 계획하는 회사들에 대한 더 많은 정보를 제공해주겠다는 제안을 언급하였으므로 선택지 중에서 이와 관련된 내용을 언급하는 것을 정답으로 고르면 된다. 선택지 (B)에서 지원할 계획인 회사들을 지시어 those를 사용하여 나타내었으므로 (B)가 정답이다.

어휘 obtain ~을 얻다, 받다 advanced degree 고급 학위, 상급 학위 civil engineering 토목 공학 enclose ~을 동봉하다 article 기사 publish ~을 발간하다, 출판하다 current 현재의

19.

정답 (B)

해설 과거분사 interested와 어울려 쓰는 전치사를 골라야 한다. 따라서 (B) in이 정답이다.

20.

정답 (C)

해설 빈칸 앞의 문장에서 창조적인 디자인과 개발 분야에서 일하는 것이 궁극적인 목표라고 했으므로 편지의 발신자가 관심을 가질 만한 회사는 혁신적인 회사일 것이다. 따라서 '혁신'이라는 의미를 가진 (C) innovation이 정답이다.

어휘 routine 일과 innovation 혁신 accociation 협회

21-24.

웰링턴, 뉴질랜드 – 제9회 연례 관광 및 접객업 회의가 10월 12일부터 10월 20일까지 웰링턴 시내 박람회장(WEDOEX)에서 개최될 것입니다. 회의는 접객업계를 선도하는 몇몇 전문가들의 강연과 연설을 21 특별히 포함할 것입니다. 올해의 개회사는 투어스 포터스 인터내셔널 사의 대표이사인 카르멘 알바레즈 씨가 할 예정입니다. 22 그녀의 연설은 1인 여행자들의 필요를 충족시키는 데 초점을 맞출 것입니다. 그들은 업계에서 가장 빠르게 성장하는 분야를 차지합니다. 그녀의 23 연설은 환영 오찬 직후인 10월 12일 오후 1시 30분에 있을 예정입니다. 그 후에, 참석자들은 여러 판매회사들과 상품 제조업체들이 부스를 마련해 놓을 장소인 전시회장을 둘러볼 기회를 가질 것입니다. 주최자들은 올해 전시회장의 거의 24 모든 부스가 예약이 되었다는 것을 알리게 되어 기뻐하고 있습니다.

어휘 annual 연례의 hospitality 환대, 접대 be held 개최되다 exposition 박람회 leading 손꼽히는, 선두적인 industry 산업 deliver (연설, 강연을) 하다 make up ~을 이루다, 구성하다 sector 분야 welcome luncheon 환영 오찬 afterwards 그 후에 attendee 참석자 exhibition hall 전시회장 various 여러, 다양한 vendor 판매회사, 판매자 manufacturer 제조업체 set up ~을 마련하다, 세우다 organizer 주최자 be excited to do ~하게 되어 기쁘다 announce ~을 알리다 nearly 거의

21.

정답 (B)

해설 빈칸 앞뒤로 각각 주어와 목적어 역할을 하는 명사구들만 제시되어 있으므로 빈칸은 문장의 동사 자리이다. 빈칸 뒤에 목적어가 있으므로 능동태 동사가 필요하며 빈칸의 앞문장에서 컨벤션이 열리는 기간에 대해 언급하면서 will be held라는 미래시제를 사용하였으므로 미래시제인 (B) will feature이 정답이다.

어휘 feature ~을 특별히 포함하다, 특징으로 내세우다

22.

정답 (A)

해설 (A) 그녀의 연설은 1인 여행자들의 필요를 충족시키는 데 초점을 맞출 것입니다.
 (B) 작년 컨벤션은 1만 명 이상의 손님들을 끌었습니다.
 (C) 현지의 호텔은 이미 최대한으로 예약되었습니다.

(D) 등록된 참가자들은 프론트 데스크에서 환영 선물을 가져 가실 수 있습니다.

해설 빈칸의 앞문장에서 올해의 개회사를 언급한 것과 빈칸 뒤에 오는 문장에 복수대명사 They가 쓰였으므로 이것들을 언급한 선택지를 고르면 된다. 선택지 (A)에서 그녀의 연설과 1인 여행자들이 제시되었으므로 (A)가 정답이다.

어휘 focus on ~에 초점을 맞추다 meet ~을 충족시키다 need 필요 attract ~을 끌어오다 to capacity 최대한으로, 꽉 차게 registered 등록된 attendee 참가자

23.
정답 (D)

해설 명사의 어휘에 관한 문제로 앞 문장에서 speech will be delivered라고 언급되어 있으므로 speech를 받을 수 있는 '연설'이라는 의미의 (D) address가 정답이다.

어휘 debate 토론 interview 인터뷰, 면접 address 연설

24.
정답 (C)

해설 빈칸 뒤의 명사 booth 앞에 올 수 있는 알맞은 수량형용사를 골라야 한다. booth가 가산명사인데 단수형태로 쓰여 있고, 동사가 단수동사이므로 단수명사와 함께 쓰이는 (C) every가 정답이다.

어휘 all 모든 most 대부분의 every 모든 whole 전체의

Day 05 Part 7 실전 연습

Part 7

1. (C)	2. (A)	3. (C)	4. (B)	5. (B)
6. (B)	7. (A)	8. (D)	9. (B)	10. (C)

1-2.

북스 갤로어에서 새롭게 시작하는 프로그램에 대해 안내 드리고 싶습니다. 지역 작가들에 대한 관심을 끌어오기를 바라며 매주 토요일에 저희는 '독자들의 기쁨'이라는 이름의 행사를 주최하려 합니다. **2** 오후 1시부터 2시까지 지역의 출판 작가들이 자신들의 작품을 낭독하고 참가 관객들로부터 질문을 받을 것입니다. **1** '독자들의 기쁨' 첫 행사는 최근 <여자의 여정>이라 불리는 첫 소설을 출판하신 지나 야마토 씨가 주인공입니다. 저희는 '독자들의 기쁨'에 참가하실 모든 장르의 작가들을 모십니다. 시인, 소설가, 아동 도서 작가, 만화 소설가와 논픽션 작가들이 자신들의 작품을 행사에서 소개하도록 격려하고 있습니다. 저희 회사는 좀 더 많은 지역 작가들을 유치하여 회사의 판매 증대로 이어질 수 있도록 할 것입니다. **2** 각각의 낭독시간 마다 간단한 음식을 제공하는 짧은 연회가 열릴 것이며, 독자들이 작가와 직접 이야기 나눌 수 있는 시간을 드릴 것입니다. 더 자세한 정보를 원하시면, 444-9843로 북스 갤로어의 소유주 찰스 로스 씨에게 연락 주십시오.

어휘 institute ~을 시작하다 in the hope of ~을 희망하며 draw attention 관심을 끌다 host ~을 개최하다 publish ~을 출판하다 author 작가 feature ~이 나오다 entitle 제목을 붙이다 invite ~을 모시다 poet 시인 novelist 소설가 graphic novel 만화 소설 nonfiction 논픽션의 present ~을 소개하다 reception 연회 light refreshment 간단한 음식

1. 지나 야마토는 누구인가?
(A) 매장 소유주
(B) 도서 삽화가
(C) 책을 출판한 소설가
(D) 지역 시인

정답 (C)

해설 지문 초반부에 '독자들의 기쁨'이라는 행사의 주인공이 최근

<여자의 여정>이라 불리는 첫 소설을 출판하신 지나 야마토 씨라고 언급하고 있으므로 (C)가 정답이다.

어휘 **storeowner** 매장 소유주 **illustrator** 삽화가 **published** 책을 출판한 **novelist** 소설가 **poet** 시인

2. 토요일 오후 2시에 무슨 일이 일어나는가?
(A) 연회가 있을 것이다.
(B) 작가가 책에 사인을 할 것이다.
(C) 한 프로그램이 시작될 것이다.
(D) 책 판매가 시작될 것이다.

정답 (A)

해설 오후 2시라는 시간대가 언급된 지문 초반부에서 출판 작가들이 작품을 낭독하고 질문을 받을 것이라는 내용이 있고, 지문 후반부에 각 낭독시간마다 연회를 가질 것이라고 언급하고 있으므로 2시부터는 연회가 있을 것임을 알 수 있다. 따라서 (A) 가 정답이다.

3-5.

> 해니건 씨께,
>
> **3** 로얄은행을 대표해, 귀하의 대출 신청이 받아들여져 처리되었음을 알려 드리게 되어 기쁩니다. 따라서, 저희는 동봉해 드린 계약서 내에 제시되어 있는 약관에 따라 총액 만 달러를 드릴 것입니다. ― [1] ―.
>
> **5** 저희는 지난 6개월을 아우르는 귀하의 급여 명세서 사본과 우리 주에서 발급된 사진이 들어 있는 2개의 신분증, 그리고 주민등록번호를 이미 받았습니다. ― [2] ―. 자금이 귀하의 업체 은행 계좌로 입금되는 대로, 문자 메시지로 통보받을 것이며, 참고용으로 보관하실 수 있는 서면 확인서를 우편으로 받으시게 될 겁니다. ― [3] ―.
>
> 계약서에 상세히 설명된 바와 같이, 총액과 이자는 반드시 10년 내에 상환되어야 합니다. 저희는 9퍼센트의 이자율을 제공해 드릴 수 있으며, 이는 오리건 주의 은행들 사이에서 상당히 경쟁력 있는 이자율입니다. **4** 저희는 매달 1일에 최소 75달러의 상환금을 예상하고 있으며, 이 조건을 준수하지 못하실 경우에는 추가 행정 처리 부담금 또는 수수료가 초래될 수 있습니다. ― [4] ―.
>
> 어떤 질문이나 우려 사항이든 있으시면 555-1103번으로 언제든지 저에게 직접 연락 주시기 바랍니다.

> 안녕히 계십시오.
>
> 라제시 술만, 기업 대출 관리 책임, 로얄 은행

어휘 **on behalf of** ~을 대표해, 대신해 **inform A that** A에게 ~라고 알리다 **loan** 대출 **therefore** 따라서, 그러므로 **grant A B** A에게 B를 주다, 승인하다 **sum** 액수, 액수 **in accordance with** ~에 따라 **terms and conditions** (계약서 등의) 약관 **lay out** ~을 제시하다 **enclosed** 동봉된 **agreement** 계약(서) **pay slip** 급여 명세서 **state-issued** 주에서 발급한 **social security number** 주민등록번호 **deposit** ~을 입금하다 **confirmation** 확인(서) **reference** 참고 **interest** 이자 **pay back** ~을 상환하다, 갚다 **fairly** 상당히, 꽤 **competitive** 경쟁력 있는 **repayment** 상환(금) **adhere to** ~을 준수하다, 고수하다 **result in** ~을 초래하다, ~라는 결과를 낳다 **administration** 행정 (처리) **concern** 우려, 걱정

3. 편지가 왜 해니건 씨에게 보내졌는가?
(A) 한 계좌의 개설을 확인해 주기 위해
(B) 사업을 시작하는 것에 관해 조언해 주기 위해
(C) 자금 제공 요청을 승인하기 위해
(D) 추가 정보를 요청하기 위해

정답 (C)

해설 지문 초반부에 상대방의 대출 신청이 받아들여져 처리되었음을 알리게 되어 기쁘다는 말이 쓰여 있다. 이는 대출을 통한 자금 제공 요청이 승인되었다는 뜻이므로 (C)가 정답이다.

어휘 **confirm** ~을 확인해 주다 **approve** ~을 승인하다 **request** 요청 **financing** 자금 제공

4. 해니건 씨는 한달 단위로 무엇을 하도록 요청받는가?
(A) 은행 방문하기
(B) 비용 납입하기
(C) 문서 제출하기
(D) 술만 씨에게 전화하기

정답 (B)

해설 세 번째 단락을 보면 매달 1일에 최소 75달러의 상환금을 예상하고 있다고 알리는 말이 쓰여 있다. 이는 해니건 씨에게 매달 비용을 납입하도록 요청하는 말에 해당되므로 (B)가 정답

이다.

어휘 **be asked to do** ~하도록 요청 받다 **on a monthly basis** 한달 단위로 **submit** ~을 제출하다

---

5. [1], [2], [3], 그리고 [4]로 표기된 위치들 중에서 다음 문장이 가장 잘 어울리는 위치는 어느 것인가?

"따라서, 저희는 필요한 모든 정보를 갖고 있으며, 다른 어떤 것에 대해서도 귀하를 곤란하게 해 드릴 필요가 없습니다."

(A) [1]
(B) [2]
(C) [3]
(D) [4]

정답 (B)

해설 제시된 문장은 결과를 나타내는 As such로 시작해 필요한 모든 정보를 갖고 있기 때문에 더 이상 문제될 것이 없다는 의미를 지니고 있으므로 급여 명세서 사본과 신분증 등의 개인 정보 자료를 언급한 문장 뒤에 위치한 [2]에 들어가 그 자료들을 받은 것에 따른 결과에 해당되는 말을 전하는 흐름이 되어야 알맞다. 따라서 (B)가 정답이다.

어휘 **as such** 따라서, 그러한 이유로 **necessary** 필요한, 필수의 **trouble** ~을 곤란하게 하다, 애먹이다

6-10.

제목: 마리포사 비스트로
7 날짜: 11월 4일

관계자께,

7 제가 이틀 전에 몇몇 친구들과 함께 귀하의 레스토랑에서 식사했는데, 저희는 테라스가 있는 바깥에 예약한 테이블 그리고 방대한 해산물 메뉴와 함께 정말 즐거운 시간을 보냈습니다. 그럼에도 불구하고, 6 제가 이메일을 쓰는 이유는 귀하의 직원들 중 한 분과 관련된 사건에 주목해 주시기를 바라고 있기 때문입니다. 8 이름표에 스티븐이라고 밝혀져 있던 그 직원은 디저트 코스를 내오던 중에 아이스크림 그릇을 부주의하게 떨어뜨렸습니다. 안타깝게도, 이것이 탁자에 놓여 있던 제 휴대 전화기 위로 떨어지면서 화면을 깨트리고 가죽 폰 케이스를 손상시켰습니다.

저는 여전히 이 상황에 대해 매우 불쾌한데, 그분이 당시에 너무 많은 접시를 나르고 있어서 사고가 발생할 가능성이 컸기 때문입니

다. 결과적으로, 저는 어제 전화기 매장을 방문해 화면 수리에 120달러를 지불할 수밖에 없었습니다. 폰 케이스는 추가 50달러의 가치가 있는 것이지만, 다행히도, 제가 어떻게든 깨끗하게 할 수 있었고, 거의 원래의 모습으로 복구되었습니다. 따라서, 10 저는 170달러 전액에 대해 보상받을 것으로 기대하고 있지는 않지만, 최소한 수리 비용이라도 받을 수 있다면 좋겠습니다.

이 문제와 관련해 곧 답변을 들을 수 있기를 바랍니다.

안녕히 계십시오.

리사 멀베이니

어휘 **dine** 식사하다 **extensive** 폭넓은, 방대한 **patio** 테라스 **nevertheless** 그럼에도 불구하고 **incident** 사건 **bring A to one's attention** A에 ~가 주목하게 하다 **regarding** ~와 관련된 **identify** (신원 등) ~을 밝혀내다, 확인하다 **carelessly** 부주의하게 **bring out** ~을 내오다 **land** 떨어지다 **crack** ~을 깨트리다, 갈라지게 하다 **be bound to do** ~할 가능성이 크다 **have no choice but to do** ~하는 수 밖에 없다 **manage to do** 간신히 ~해내다 **appearance** 모습, 외관 **compensate A for B** B에 대해 A에게 보상하다 **cover** (비용 등) ~을 부담하다, 충당하다

제목: 회신: 마리포사 비스트로
날짜: 11월 5일

멀베이니 씨께,

제 레스토랑에서 그것만 아니라면 즐거우실 수도 있었던 경험을 망치게 한 사건에 관한 말씀을 듣게 되어 대단히 유감스럽습니다. 귀하께서 언급하신 직원과 이야기를 나눴으며, 이번 주에 전 직원이 재교육을 받도록 조치해 두었습니다. 호의의 표시로, 10 수리 비용 및 여전히 완벽하지 않은 상태라고 말씀하신 케이스에 대한 비용 모두를 꼭 부담하겠습니다. 9 괜찮으시다면 제가 직접 금액을 이체해 드리겠습니다. 가급적 빨리 귀하의 계좌 정보를 알려 주시기 바라며, 즉시 이 문제를 처리해 드리겠습니다. 다시 한번, 사과를 받아주시기 바라며, 마리포사 비스트로에서 다시 뵐 수 있기를 고대합니다.

안녕히 계십시오.

앨런 크랜덜
소유주, 마리포사 비스트로

어휘 **terribly** 대단히, 끔찍이 **spoil** ~을 망치다 **otherwise** 그렇지 않다면 **arrange for A to do** A가 ~하도록 조치하다, 준비하다 **undergo** ~을 거치다, 겪다 **as a token** of ~의 표시로, 뜻으로 goodwill 호의 insist on -ing 꼭 ~하다 in perfect condition 완벽한 상태인 bank transfer 계좌 이체(금) if that suits you 괜찮으시다면 at your earliest possible convenience 가급적 빨리 immediately 즉시 look forward to -ing ~하기를 고대하다

6. 첫 번째 이메일의 주 목적은 무엇인가?

(A) 테이블을 예약하기 위해

(B) 불만을 제기하기 위해

(C) 메뉴에 관해 문의하기 위해

(D) 한 직원을 칭찬하기 위해

정답 (B)

해설 첫 번째 이메일의 첫 단락에 직원들 중 한 명과 관련된 일에 주목해 주기를 바란다는 말과 함께 그 직원이 발생시킨 문제점을 설명하고 있다. 이는 불만을 제기하는 것에 해당되므로 (B)가 정답이다.

어휘 make a complaint 불만을 제기하다, 불평하다 inquire about ~에 관해 문의하다 praise ~을 칭찬하다

7. 멀베이니 씨는 언제 마리포사 비스트로를 방문했는가?

(A) 11월 2일에

(B) 11월 3일에

(C) 11월 4일에

(D) 11월 5일에

정답 (A)

해설 첫 번째 이메일의 시작 부분에 친구들과 이틀 전에 식사한 사실을 알리고 있는데, 첫 번째의 이메일 작성 날짜가 11월 4일이므로 11월 2일에 방문했음을 알 수 있다. 따라서 (A)가 정답이다.

8. 스티븐 씨는 누구일 것 같은가?

(A) 요리사

(B) 청소부

(C) 사업가

(D) 종업원

정답 (D)

해설 스티븐이라는 이름이 언급되는 첫 이메일 첫 단락에 그 사람이 디저트 코스를 내오는 일을 했다고 알리고 있다. 이는 식당 종업원이 하는 일이므로 (D)가 정답이다.

어휘 chef 요리사 cleaner 청소부 server 종업원

9. 두 번째 이메일에서, 첫 번째 단락, 다섯 번째 줄의 단어 "suits"와 의미가 가장 가까운 것은 무엇인가?

(A) 적응시키다

(B) 만족시키다

(C) 확인해 주다

(D) 갖추어 주다

정답 (B)

해설 suits가 포함된 if절에서 주어로 쓰인 that은 앞서 언급된 일, 즉 금액을 이체하는 일을 가리키며, suits의 목적어로는 상대방을 가리키는 you가 쓰여 있다. 따라서 그러한 방법이 상대방에게 괜찮은지 확인하는 것과 같으므로 '만족시키다'를 뜻하는 (B) satisfies가 정답이다.

어휘 adapt 적응하다, 맞추다 confirm (사실로) 확인해 주다 outfit v. ~을 갖추어 주다 n. 옷, 복장

10. 크랜덜 씨는 얼마나 많은 돈을 멀베이니 씨에게 보낼 것인가?

(A) 50달러

(B) 120달러

(C) 170달러

(D) 220달러

정답 (C)

해설 첫 지문 두 번째 단락 후반부에 멀베이니 씨가 170달러 전액에 대해 보상받을 것으로 기대하고 있지는 않지만, 최소한 수리 비용을 받았으면 좋겠다고 언급하고 있고, 두 번째 지문 후반부에서 크랜덜 씨가 170달러를 모두 보상하겠다는 뜻을 나타냈으므로 (C)가 정답이다.

시원스쿨 LAB